LES GRANDS COMPOSITEURS
TCHAÏKOVSKI

LES GRANDS COMPOSITEURS
TCHAÏKOVSKI

Texte original de David Mountfield
Adaptation française de Claude Dovaz

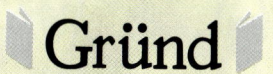

GARANTIE DE L'ÉDITEUR

Pour vous parvenir à son plus juste prix, cet ouvrage a fait l'objet d'un gros tirage. Malgré tous les soins apportés à sa fabrication, il est malheureusement possible qu'il comporte un défaut d'impression ou de façonnage. Dans ce cas, ce livre vous sera échangé sans frais. Veuillez à cet effet le rapporter au libraire qui vous l'a vendu ou nous écrire à l'adresse ci-dessous en nous précisant la nature du défaut constaté. Dans l'un ou l'autre cas, il sera immédiatement fait droit à votre réclamation.
Librairie Gründ - 60 rue Mazarine - 75006 Paris

Adaptation française de **Claude Dovaz**

Texte original : **David Mountfield**

Première édition française 1990 par Librairie Gründ, Paris
© 1990 Librairie Gründ pour l'adaptation française
ISBN : 2-7000-5503-9
Dépôt légal : Avril 1990
Édition originale 1990 par The Hamlyn Publishing Group Ltd, département de The Octopus Publishing Group
sous le titre original **Tchaikovsky**
© 1990 The Hamlyn Publishing Group Ltd

Photocomposition : P.F.C., Dole
Imprimé par Mandarin Offset, Hong Kong

SOMMAIRE

DE LA SOURCE
AU FLEUVE
7

FLUX ET REFLUX
33

MARÉE HAUTE
49

LA MUSIQUE
77

INDEX
94

DE LA SOURCE AU FLEUVE

Une enfance souvent malheureuse ; études et premiers emplois aux conservatoires de Saint-Pétersbourg et de Moscou ; première grande période de créativité dans les années 1870

Piotr (Pierre) Illitch Tchaïkovski naquit le 7 mai (25 avril du calendrier russe alors en usage) 1840, dans une famille de la bourgeoisie aisée. Son père, Ilya Petrovitch Tchaïkovski, était ingénieur des mines dans le centre industriel de Votkinsk, à un millier de kilomètres à l'est de Moscou. Sa mère, Alexandra, née Assier, d'origine française, eut six enfants : Nicolas (né en 1838) ; Pierre ; Alexandra, surnommée Sacha (1842) ; Hippolyte (1843) ; Anatole et Modeste, des jumeaux (1850). Elle fut emportée par le choléra à 41 ans (1854). Cette disparition fut un coup terrible pour Tchaïkovski, alors âgé de

Ci-contre : *les parents du compositeur, Ilya Petrovitch Tchaïkovski et Alexandra, née Assier, sa seconde femme, dont la famille avait un héritage d'instabilité mentale qui réapparaîtra chez son fils le plus célèbre.*

DE LA SOURCE AU FLEUVE

Ci-contre : La famille Tchaïkovski. À gauche, le compositeur ; les autres enfants sont Zinaïda (sa demi-sœur), Nicolas, Hippolyte (sur les genoux de son père) et, devant, Alexandra (Sacha). Les jumeaux, Anatole et Modeste n'étaient pas encore nés quand cette photographie fut prise.

Ci-dessous : La maison des Tchaïkovski à Votkinsk. Il n'est pas étonnant qu'un enfant de sept ans ait souffert d'un déménagement dans un appartement situé en ville.

DE LA SOURCE AU FLEUVE

Ci-contre : *Fanny Dürbach, la gouvernante du jeune Tchaïkovski. Son départ le bouleversa. Bien qu'il fût très attaché à sa mère, puis chérît sa mémoire, il semble qu'elle ne comprenait pas aussi bien que la gouvernante son caractère difficile.*

14 ans, et il ne s'en remit jamais tout à fait.

Tchaïkovski, qui avait le sens de la famille, resta très lié avec ses frères et ses sœurs, particulièrement avec Sacha qui, bien que plus jeune, joua pour lui le rôle de seconde maman, et aussi avec les jumeaux Anatole et Modeste – ce dernier sera son biographe – qu'il maternera à son tour.

Une autre figure importante de l'enfance de Tchaïkovski fut Fanny Dürbach, une Suissesse, qui fut sa gouvernante de quatre à huit ans. Ce fut elle qui remarqua la première sa grande facilité pour les langues et sa sensibilité exacerbée.

En comparaison avec une grande partie des autres compositeurs (et notamment Mozart, son idole), Tchaïkovski n'atteignit la maturité musicale qu'assez tard, mais il fut obsédé par la musique dès l'enfance. Un soir, la gouvernante entra dans sa chambre et le trouva assis dans son lit, dans un état de grande surexcitation. « Oh ! cette musique, cette musique, elle est là, s'écria-t-il en indiquant sa tête, et elle ne veut pas me laisser en paix. » Le garçonnet avait déjà commencé à apprendre le piano et la gouvernante avait observé qu'il était particulièrement nerveux quand il avait joué de la musique ou après en avoir écouté.

Le premier grand bouleversement dans la

DE LA SOURCE AU FLEUVE

vie de l'enfant eut lieu en 1848 quand Fanny Dürbach, qu'il adorait, quitta la famille Tchaïkovski – à peu près au moment où celle-ci s'installait à Saint-Pétersbourg, alors capitale de l'empire russe – et qu'il fut envoyé dans un pensionnat. Épuisé par trop de travail et en butte aux tracasseries de ses condisciples, il tomba malade et revint à la maison où une autre gouvernante s'occupa de lui. En 1850, sa santé étant rétablie, sa mère le conduisit à l'École de droit, où il devait être de nouveau pensionnaire. Au moment du départ, il s'agrippa à elle et on dut les séparer de force. Homme mûr, il frissonnait encore en évoquant cette scène.

Dans cette école, où l'on formait de futurs fonctionnaires, les études duraient neuf ans. Il s'y montra supérieur à la moyenne, mais pas exceptionnel. Il prit des leçons de piano et de chant et composa sa première pièce (perdue) après la mort de sa mère, moment où la musique fut son unique réconfort. La première œuvre de Tchaïkovski qui nous soit parvenue date de 1855 : elle révèle l'influence de son professeur de chant italien, mais ne révèle pas de dons exceptionnels.

Pourtant, l'adolescent montrant une aptitude évidente pour la musique, son père

Ci-contre :
Saint-Pétersbourg à la fin du XIXe siècle. La famille Tchaïkovski s'y installa pendant quelque temps quand le père perdit sa situation.

DE LA SOURCE AU FLEUVE

Ci-dessus : La maison de Saint-Pétersbourg où la famille Tchaïkovski vécut en 1848-1849.

DE LA SOURCE AU FLEUVE

demanda à son professeur de piano, Rudolf Kündinger – un musicien jouissant d'une certaine réputation –, s'il ne faudrait pas envisager pour lui une carrière de musicien. La réponse fut non, d'une part parce qu'il ne présentait « aucun signe de génie », d'autre part en raison de la difficulté qu'avaient les musiciens, aussi grand soit leur talent, pour gagner convenablement leur vie.

Quand il eut obtenu son diplôme, en 1859, Tchaïkovski fit son entrée au ministère de la Justice, en qualité de simple secrétaire. C'était certainement une décision raisonnable car, à l'époque, un poste de fonctionnaire dans l'administration tsariste était – ou pouvait devenir – une sinécure. Il obtint en 1861 un congé pour effectuer un voyage de trois mois dans les capitales d'Europe, en qualité d'interprète pour un ami de son père.

Tchaïkovski allait souvent à l'opéra et profitait du temps libre que lui laissait son emploi au ministère pour suivre des cours d'harmonie, heureusement subventionnés par la Société musicale russe – dont le rôle était d'encourager les jeunes talents – car son père, à la suite de graves revers de fortune, n'était plus capable de l'aider financièrement.

PREMIERS PAS DANS LA CARRIÈRE

En 1862, les cours furent déplacés au Conservatoire de Saint-Pétersbourg, nouvellement créé sous la direction d'Anton Rubinstein (1829-1894), déjà célèbre comme pianiste et compositeur. Un an plus tard, Tchaïkovski démissionna du ministère pour se consacrer à plein temps au conserva-

Ci-contre : *Les frères Anton (à gauche) et Nicolaï Rubinstein, respectivement fondateurs des conservatoires de Saint-Pétersbourg et de Moscou, amis et protecteurs de Tchaïkovski. Ils avaient l'esprit ouvert à la musique « occidentale ».*

DE LA SOURCE AU FLEUVE

Ci-contre :
Tchaïkovski adorait sa sœur Alexandra, photographiée ici vers 1860 avec son mari Lev Davidov.

toire où il étudia la composition, l'orchestration, la flûte et l'orgue. Pour gagner tant bien que mal sa vie, il donna des leçons de piano, fut parfois accompagnateur et traduisit du français un ouvrage sur l'orchestration. Bien qu'il vécût, à cette époque, avec son père, il ne disposait que de très peu d'argent. Ce sera le cas pendant toute sa vie, même quand il aura été reconnu sur la scène musicale internationale, car il était incapable de maîtriser les détails pratiques de l'existence quotidienne.

Il s'était aussi mis sérieusement à la composition. En 1864, Anton Rubinstein le pria d'écrire une ouverture pendant les vacances. Tchaïkovski s'inspira de la pièce d'Ostrovski, l'*Orage*, dont il avait pensé tirer un opéra. Rubinstein ne fut pas du tout satisfait de ce travail parce que, primo son exécution exigeait davantage d'instruments que le nombre prescrit, secundo il désapprouvait toute musique à programme – il était en effet un partisan résolu du classicisme. Néanmoins, l'*Orage* donne un avant-goût de quelques-unes des qualités qui caractériseront la production ultérieure du compositeur, notamment une orchestration éblouissante et de très beaux motifs mélodiques. Cette ouverture ne fut pas exécutée à l'époque et Tchaïkovski lui-même ne la donna jamais. En revanche, comme il en avait l'habitude, il tira parti par la suite de certains fragments pour la composition d'autres œuvres.

Tchaïkovski passa l'été 1865 en Ukraine, chez sa sœur Sacha, à Kamenka, non loin de Kiev. Sacha avait épousé Lev Davidov, fils d'un des révolutionnaires décabristes de 1825. Pendant des années, Tchaïkovski fut reçu chez eux comme dans sa propre maison et leurs enfants furent pour lui sa famille la plus proche.

À Kamenka, Tchaïkovski composa une

DE LA SOURCE AU FLEUVE

série de danses qui furent exécutées en septembre à Pavlovsk, près de Saint-Pétersbourg, lors d'un concert en plein air dirigé par Johann Strauss II. Ce fut la première fois qu'une œuvre de Tchaïkovski était jouée en public. Plus tard dans l'année, des étudiants du conservatoire jouèrent un mouvement d'un quatuor et Tchaïkovski lui-même dirigea une ouverture en fa, deux œuvres qu'il avait composées à Kamenka pendant l'été.

Tchaïkovski ne resta pas encore longtemps au conservatoire de Saint-Pétersbourg. Le frère d'Anton Rubinstein, Nicolaï (1835-1881), avait fondé à Moscou une filiale de la Société musicale russe qui était devenue, en 1865, le Conservatoire de Moscou. À la suggestion de son frère, il offrit à Tchaïkovski le poste de professeur d'harmonie. Cette situation était moins brillante que l'on ne pourrait le croire, car le conservatoire de Moscou

Ci-contre : Maison des Davidov à Kamenka, en Ukraine. Tchaïkovski y passa des jours heureux (et plus tard des jours malheureux).

DE LA SOURCE AU FLEUVE

n'était alors que le cousin pauvre de celui de Saint-Pétersbourg. Le salaire de Tchaïkovski n'était que de 600 roubles, ce qui explique pourquoi Nicolaï Rubinstein n'avait pas été en mesure de recruter un musicien plus connu. Le père de Tchaïkovski fut indigné par la modicité de ce salaire, faisant remarquer qu'un compositeur italien d'opéra était payé cinquante fois plus pour la composition d'une seule œuvre. Pourtant Tchaïkovski accepta cette offre qui symbolisait son entrée dans le monde des musiciens professionnels.

L'idée d'habiter Moscou – alors une ville provinciale par rapport à Saint-Pétersbourg – ne l'enchantait guère. Il n'était pas heureux non plus de devoir habiter (sans avoir à payer de loyer, il est vrai) chez Nicolaï Rubinstein. Celui-ci s'avéra être un meilleur mentor que son frère. C'était un homme bienveillant, âgé de seulement cinq ans de plus que Tchaï-

DE LA SOURCE AU FLEUVE

kovski. Beaucoup plus important pour la formation de Tchaïkovski fut le fait que Nicolaï Rubinstein était plus proche que son frère de la nouvelle école de musique russe.

Au XIXe siècle, la fièvre nationaliste n'était pas moins intense en Russie que dans les autres nations européennes. La conscience du retard de la société russe (le servage n'avait été aboli qu'en 1861, ce qui n'avait guère amélioré la situation des paysans) stimulait la ferveur nationaliste d'une partie de la classe – peu nombreuse mais influente – des gens instruits, comprenant des officiers de l'armée (comme les décabristes), des fonctionnaires, des intellectuels et des artistes, qui se situaient entre la noblesse sclérosée et la grande masse de la population rurale, largement illettrée.

Le nationalisme russe s'exprima de la manière la plus éloquente dans les arts et peut-être avec encore plus de force dans la musique que dans la littérature. Il faut ajouter aux grands écrivains de la première moitié du XIXe siècle – Pouchkine, Tourgueniev, Dostoïevski – des compositeurs comme Glinka et Dargomyjski, bien que l'influence de leurs idées eût plus de poids que leurs œuvres elles-mêmes. Tous deux furent proches des écrivains de leur époque et ils s'inspirèrent l'un et l'autre, notamment pour leurs opéras, de la musique et du parler populaires (le public de l'opéra de Saint-Pétersbourg,

DE LA SOURCE AU FLEUVE

À gauche : *Les professeurs du conservatoire de Moscou en 1872. En haut au centre, Rubinstein ; à sa gauche, Hubert ; à sa droite, Tchaïkovski.*

Ci-contre : *Alexandre Pouchkine, l'inspirateur de nombreux compositeurs russes, harangue un groupe de décabristes en 1825. Dessin de D. Kardovski, 1925.*

largement aristocratique et conservateur, qui préférait l'opéra italien et craignait la révolution en musique comme en politique, ne les apprécia pas).

Les continuateurs, parfois les protégés, de Glinka et Dargomyjski sont connus sous le nom de « Groupe des Cinq ». Leur chef spirituel, dont l'idéal esthétique eut plus d'influence que ses œuvres proprement dites – y compris sur Tchaïkovski –, fut Balakirev (1837-1910). Les autres membres furent César Cui (1835-1918), dont les écrits eurent plus d'effet que la musique, oubliée depuis longtemps ; Moussorgsky (1839-1881) ; Rimski-Korsakov (1844-1908) ; Borodine (1833-1887). Tous avaient à peu près le même âge que Tchaïkovski et les trois derniers furent des compositeurs de premier ordre.

Par certains côtés, Tchaïkovski fut proche du Groupe des Cinq, mais il ne fut pas toujours entièrement d'accord avec leurs objectifs et leur manière ni eux avec les siens : les Cinq ne devinrent jamais les Six. Comme il l'a souvent affirmé, personne ne pouvait être plus patriote russe que lui et il nous paraît aujourd'hui, parfois, un compositeur totalement russe. Mais son génie musical fut essentiellement individualiste et sa curiosité s'étendait bien au delà de celle des musiciens étroitement nationalistes qui condamnaient l'inclusion dans son œuvre d'éléments « alle-

mands » ou « français ». Qui plus est, la musique de Tchaïkovski, même dans ce qu'elle a de plus « russe », ne fut pas entièrement comprise, même par Balakirev et son groupe. Ainsi que Stravinski l'a écrit près de trente ans après la mort du compositeur, « la musique de Tchaïkovski, qui ne paraît pas spécifiquement russe à tout le monde, est souvent plus profondément russe que celle sur laquelle on a depuis longtemps collé l'étiquette complaisante de pittoresque moscovite ».

En dépit de ses réticences envers Moscou, Tchaïkovski prospéra pendant les premières années qu'il passa dans cette ville. Rubinstein admirait son talent et, en sa qualité d'organisateur de concerts bimensuels, fut en mesure de lui offrir de nombreuses occasions de faire entendre ses œuvres. Le musicologue Hermann Laroche, un vieil ami de Saint-Pétersbourg, devint professeur au conservatoire et Tchaïkovski se lia vite d'amitié avec l'éditeur de musique Jurgenson, son aîné d'une dizaine d'années, qui le traita beaucoup mieux que les éditeurs traitent d'habitude leurs clients. Le pianiste et critique Kachkine ainsi qu'Albrecht, violoncelliste, chef d'orchestre et bras droit de Rubinstein, comptaient parmi ses amis.

Sous l'influence de Rubinstein, qui était un bon vivant, Tchaïkovski apprit à aimer boire abondamment, mais il ne sombra jamais dans l'alcoolisme comme l'infortuné Moussorgsky. Bien qu'il fût trop réservé pour se faire beaucoup d'amis, Tchaïkovski possédait beaucoup de charme, ce qu'ont confirmé tous ceux qui l'ont connu, y compris les nombreux enfants, de sa famille ou pas, qui l'appelèrent familièrement, plus tard, « Oncle Pierre » (Piotr). Peu de temps après son arrivée, il

DE LA SOURCE AU FLEUVE

Ci-contre : *Glinka, chef de file de la première génération des compositeurs nationalistes russes. Portrait de A. Mitterfellner.*

Ci-dessous : *Rimski-Korsakov, qui commença sa carrière dans la marine puis se consacra entièrement à la musique sous l'influence de Balakirev.*

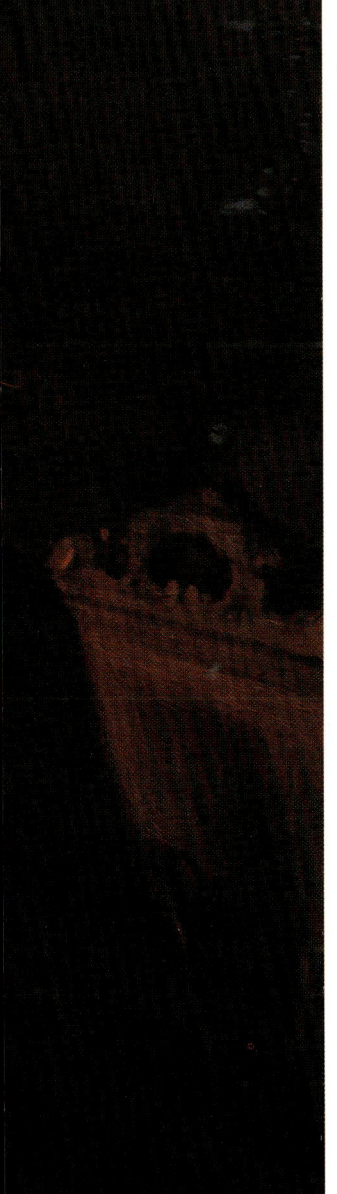

Ci-contre : *Jurgenson, qui fonda sa maison d'édition à Moscou en 1861 avec l'aide de Nicolaï Rubinstein et publia les œuvres de nombreux compositeurs russes contemporains, y compris Tchaïkovski.*

19

DE LA SOURCE AU FLEUVE

Ci-contre : *Nicolaï Kachkine (1855-1884), surnommé « Kotick » (matou) par Tchaïkovski, qu'il mit en relation avec Mme von Meck.*

était bien connu et apprécié des cercles musicaux de Moscou.

Parmi ceux qui tombèrent sous le charme de Tchaïkovski, il y eut Désirée Artôt, un soprano belge. Elle ne fut pas la première jeune femme qu'il intéressât, mais dans son cas, il fut question de mariage. Il y avait pourtant des obstacles : par exemple, elle tenait à poursuivre une carrière qui semblait alors (1868) plus prometteuse que celle de Tchaïkovski et lui s'imaginait devoir la suivre d'opéra en opéra à travers toute l'Europe. Elle quitta finalement la Russie sans que rien ne fût décidé et épousa peu après un chanteur espagnol. Tchaïkovski n'en fut pas particulièrement affecté.

Le principal obstacle à l'idée du mariage était son homosexualité. Aurait-il vécu un siècle plus tard, cela n'aurait sans doute pas eu grande importance, mais à son époque, il s'agissait d'une véritable tare. Étant d'une nature foncièrement franche, tout en lui refusait une vie de dissimulation. Bien pire encore, il était constamment rongé par le dégoût de soi-même. Pour quelqu'un condamné à lutter contre un tempérament émotionnellement instable, ses penchants sexuels étaient un fardeau psychologique presque insoutenable. Eût-il été normal – et c'est là le paradoxe de son existence – il n'aurait sans doute pas donné au reste de l'humanité des œuvres qui lui ont apporté tant de joie et de satisfaction.

À cette période de sa vie, Tchaïkovski n'avait probablement pas admis le fait qu'il était totalement homosexuel – pour autant que quiconque soit totalement un être ou un autre. Il semble qu'il eût alors le sentiment – et de même neuf ans plus tard, avec des conséquences autrement désastreuses – qu'un mariage aurait pu le sauver de son inversion. Indépendamment de la pression amicale des membres de sa famille et de ses amis qui auraient voulu le voir marié, l'idée du mariage présentait pour lui d'autres attraits. Il aimait la vie familiale et avait grand besoin d'une femme, non comme compagne de plaisir, mais comme quelqu'un qui saurait le *materner*.

PREMIÈRES GRANDES ŒUVRES

Parmi les compositions de Tchaïkovski des années 1866 à 1868, l'ouverture sur le chant national danois est un exemple de la « musique à programme » qui lui venait si facilement sous la plume et le poème symphonique *Fatum* (opus 77) mérite une mention particulière : il révèle ce qui sera une obsession quasi-pathologique toute sa vie à savoir que l'existence est un combat de l'individu contre les forces du destin. Deux œuvres plus importantes, la première symphonie (opus 13) et le premier opéra, *Le Voïévode* (opus 3 ; le titre peut se traduire approximativement par « Le Gouverneur »), datent de la même époque.

La dépression nerveuse – avec hallucinations et engourdissement des membres – dont Tchaïkovski souffrit au printemps 1866 aurait pu être provoquée par le surmenage dû à la composition de sa symphonie, mais il est

Ci-contre : *Désirée Artôt (1835-1884). Tchaïkovski caressa l'idée de l'épouser. Il pensait sans doute qu'il était temps de se marier et elle lui paraissait une compagne possible. Elle mena une carrière longue et brillante et sa fille devint aussi une chanteuse d'opéra renommée.*

évident que ni la musique ni les nuits blanches passées à l'écrire n'en furent la cause principale. L'œuvre fut pourtant presque achevée en septembre, puis soumise à Anton Rubinstein, à Saint-Pétersbourg, qui demanda d'importantes corrections avant qu'elle ne fût exécutée.

Curieusement, sa première symphonie est contemporaine de celles de Borodine et de Rimski-Korsakov, deux membres du Groupe des Cinq, et elle a quelques caractéristiques communes avec l'une et l'autre, dont l'utilisation de la musique populaire russe et de la technique de Schumann. Tchaïkovski n'ayant pas encore rencontré Balakirev et son groupe (les Cinq se méfiaient de ce compositeur, professeur au conservatoire), il ne faut pas voir dans ces similitudes autre chose que le fruit d'une même influence culturelle. Néanmoins, cette symphonie, parfois intitulée « Songes d'hiver », ne fut pas reçue chaleureusement à Saint-Pétersbourg. En revanche, les mélomanes de Moscou l'apprécièrent davantage. Tchaïkovski la révisa huit ans plus tard et cette œuvre occupa toujours une place particulière dans son cœur.

Comme son ouverture de jeunesse *Groza* (« L'Orage »), l'opéra *Le Voïévode* tire son inspiration d'Ostrovski. Celui-ci avait promis de fournir le livret, mais il n'alla pas au delà de la première scène du deuxième acte, Tchaïkovski ayant perdu le reste. Le compositeur fut donc obligé d'écrire lui-même le reste. Il acheva l'œuvre pendant l'été 1868, alors qu'il se trouvait à Paris avec son grand ami et élève Vladimir Chilovski, un homme riche qui, comme son frère Konstantin, possédait un vaste domaine où Tchaïkovski fut souvent reçu.

La première représentation du *Voïévode* eut lieu au début de 1869. Si l'on en croit Tchaïkovski, ce fut un « brillant succès », mais les critiques furent moins enthousiastes que le public. Il fut très affecté par la réaction de son ami Laroche qui se plaignit de l'absence de « toute qualité russe » – un jugement extraordinaire, l'opéra étant rempli de thèmes de musique populaire russe. Tchaïkovski lui-même finit par conclure que cet opéra était un échec et il en brûla la partition. Il prit toutefois soin d'en conserver certaines parties pour les utiliser dans d'autres œuvres

Ci-contre : *Hermann Laroche (1845-1904), condisciple de Tchaïkovski au conservatoire de Moscou et critique musical très écouté. Malgré quelques divergences d'opinion, ils restèrent bons amis.*

DE LA SOURCE AU FLEUVE

Ci-contre : *Richard Wagner (1813-1883). Tchaïkovski, dont les jugements étaient subjectifs (et qui se montra très sévère envers les compositeurs romantiques), déclara une fois qu'il trouvait ses opéras fatigants.*

dont *Le Lac des cygnes*. Cette expérience lui apprit que, dans un opéra, ce que voit le public est à peine moins important que ce qu'il entend. « Le compositeur [d'opéra], écrira-t-il plus tard, doit constamment penser à la scène, c'est-à-dire ne pas oublier que le théâtre n'a pas besoin seulement de mélodies et d'harmonies, mais encore d'action pour soutenir l'attention... »

Tchaïkovski était alors pleinement engagé dans ce qu'on peut considérer, avec du recul, comme sa première grande période de création, laquelle dura jusqu'à l'épouvantable crise intérieure de 1877. La seconde durera approximativement de 1885 à sa mort.

Bien que Tchaïkovski ne méconnût pas l'importance de l'inspiration, il ne faisait pas partie de ces artistes qui attendent patiemment le souffle créateur. Pour lui, la mission du compositeur était de *composer*. Mises à part des périodes relativement courtes où la maladie l'empêcha de travailler, sa capacité de produire ne fut jamais sérieusement menacée. Il pouvait composer d'abondance avec des résultats étonnamment heureux même des pièces de circonstance. Quelques-unes de ses œuvres les plus populaires (par exemple l'*Ouverture solennelle « 1812 »*) appartiennent à cette catégorie. Pourtant, sa vraie nature le poussait à s'identifier à l'œuvre sur laquelle il travaillait, au point de compromettre sa santé – comme ce fut le cas pour sa première symphonie.

Celle-ci eut un succès modeste et *Le Voïévode* fut un demi-échec. Néanmoins, ces œuvres portent en germe le génie du compositeur. Bien qu'il s'agisse d'une symphonie et d'un opéra, elles sont plus proches l'une de l'autre que l'on ne pourrait le croire. Le style narratif de la musique d'opéra est aussi présent dans la musique symphonique. Tchaïkovski pensait que toute musique devait transmettre un message ou tout au moins exprimer une idée de la vie (la sienne propre ou la vie en général). On trouve dans son œuvre très peu de musique « abstraite » ou d'« art pour l'art » – de beaux sons, mais rien de plus. Néanmoins, les sons de la musique de Tchaïkovski sont toujours beaux comme, disait-il, la musique devrait toujours être belle. Il écrivit un jour après une indigestion de musique de Wagner (qu'il abhorrait) : « jusqu'à maintenant, on essayait de charmer les gens avec la musique, maintenant on les torture et les épuise ».

Le nationalisme de Tchaïkovski fut au plus

DE LA SOURCE AU FLEUVE

Ci-dessus : *La Moskova et le Kremlin. Gravure de 1840 environ.*

haut pendant les années 1860 et 1870. En 1868, il fit la connaissance de Balakirev et des autres membres du Groupe des Cinq qui, en dépit de certaines réserves, l'accueillirent chaleureusement. Quand Borodine et Rimski-Korsakov séjournèrent à Moscou, en 1870, ils virent Tchaïkovski tous les jours.

Il était, en un certain sens, paradoxal que Tchaïkovski vécût dans le cœur historique de la Moscovie, tandis que les grands prêtres du nationalisme se trouvaient à Saint-Pétersbourg, une ville d'origine relativement récente, édifiée dans un esprit résolument occidental. Les Cinq était imprégnés de bonne littérature russe – pour Borodine et Rimski-Korsakov, c'était presque un acte de création unique que d'écrire eux-mêmes les paroles et la musique de leurs mélodies – tandis que le goût littéraire de Tchaïkovski était peu sûr (une raison expliquant pourquoi les livrets de ses opéras sont généralement assez pauvres).

En revanche, il manquait aux Cinq la formation théorique de Tchaïkovski, mais ils ne tenaient pas cela pour un désavantage. Tchaïkovski se plaignait parfois des imperfections de leur technique de composition ; eux trouvaient son traitement harmonique – par exemple dans les arrangements de 50 chants populaires russes que Jurgenson publia en 1869 – trop académique et manquant d'inspiration. Balakirev fut à l'origine de la fantaisie-ouverture *Roméo et Juliette*, composée à la même époque. Il la critiqua abondamment (ce qui conduisit Tchaïkovski à la remodeler une année plus tard, puis encore dix ans après) et sa création par Nicolaï Rubinstein ne fut pas un succès. Néanmoins, cette œuvre est considérée par beaucoup comme son premier chef-d'œuvre

DE LA SOURCE AU FLEUVE

indiscutable. Elle marque, avec le premier quatuor à cordes (opus 11), composé en 1871, l'éclosion du génie du compositeur.

VERS LES PREMIERS SUCCÈS

Au moins, l'ouverture *Roméo et Juliette* fut jouée, alors que son deuxième opéra, *Ondine* (1869), fut rejeté par la Direction des Théâtres impériaux, à Saint-Pétersbourg. Quand Tchaïkovski reçut la partition en retour, il la détruisit. Sans se laisser décourager, il entreprit bientôt la composition du troisième, *Opritchnik*.

Ondine ne fut pas une perte sèche. Comme d'habitude, Tchaïkovski en utilisa certaines parties dans d'autres œuvres. Par exemple, la « marche nuptiale » se retrouve dans le mouvement lent de la deuxième symphonie que Tchaïkovski composa en grande partie pendant l'été 1872, alors qu'il séjournait à Kamenka chez les Davidov. Connue sous le nom de symphonie « petite-russienne », elle comprend des chants populaires ukrainiens (soit petits-russiens) et il existe une anecdote sur le thème captivant qui constitue l'armature du dernier mouvement.

Tchaïkovski composait au piano, comme à son habitude, quand le maître d'hôtel des Davidov pénétra dans la pièce. « Je prie Monsieur de bien vouloir m'excuser, mais Monsieur se trompe », dit-il, puis il chanta la version « authentique » de la mélodie. On retrouverait la version du maître d'hôtel, paraît-il, dans les variations qui forment le dernier mouvement de cette symphonie.

Ci-dessous : *Troupe ayant représenté l'Opritchnik, formée de diplômés du conservatoire de Saint-Pétersbourg. Bien qu'achevé en juin 1872, l'opéra ne fut donné au Théâtre impérial qu'en 1874.*

DE LA SOURCE AU FLEUVE

La deuxième symphonie, une des œuvres les plus radieuses de Tchaïkovski, fut créée à Moscou au début de 1873 sous la direction de Nicolaï Rubinstein et fut applaudie chaleureusement, comme à Saint-Pétersbourg où son caractère nationaliste s'accordait bien avec l'esprit du Groupe des Cinq.

Tchaïkovski avait alors terminé *Opritchnik* et attendait le verdict de la Direction des Théâtres impériaux à Saint-Pétersbourg. Ce troisième opéra fut représenté au printemps 1874. Entre-temps, il composa, entre autres œuvres de moindre importance, la fantaisie-ouverture *La Tempête* (opus 18), qui eut encore moins de succès que *Roméo et Juliette*, et le deuxième quatuor à cordes (opus 22) qui « coula simplement » de sa plume.

Le fait qu'il était devenu un des grands compositeurs russes fut illustré par une commande du Bolchoï pour la musique de scène de *Snégourotchka* (« Blanche-Neige ») d'Ostrovski. Grâce aux fragments conservés d'*Ondine*, il acheva ce travail en trois semaines. Il en fut tellement satisfait qu'il envisagea d'en tirer un opéra à part entière, mais Rimski-Korsakov en composa un avant lui.

La première représentation d'*Opritchnik* à Saint-Pétersbourg, suivit à moins de trois mois celle de *Boris Godounov* et – cela nous paraît étrange aujourd'hui – eut un plus grand succès que le chef-d'œuvre de Moussorgsky, malgré une mise en scène bâclée et le manque d'enthousiasme du compositeur pendant les répétitions. Tchaïkovski, qui ne s'intéressera plus jamais à cette œuvre (il aimait encore moins *Boris Godounov*), se réfugia à Venise – une fuite caractéristique – moins de 48 heures après la première, mais il y trouva peu de consolation car il y faisait froid. De plus, il se sentait coupable de dépenser tant d'argent pour ce voyage, surtout parce que son frère Modeste traversait une passe financière difficile.

PREMIERS VOYAGES

Pendant ces années, Tchaïkovski réussit à beaucoup voyager (toutefois pas autant qu'il le fera par la suite), malgré le manque continuel d'argent, aggravé par le fait qu'il venait finalement d'acquérir son propre appartement à Moscou. Il arrondit son revenu en pratiquant la critique musicale. Ce besoin permanent d'argent explique en partie l'abondance de sa production. Par exemple, il écrivit son premier quatuor en grande partie parce qu'il désirait organiser un concert de ses propres œuvres. Il espérait en tirer de l'argent, mais il lui fallait pour cela

Ci-dessous : Le Grand Canal de Venise, ville où Tchaïkovski se réfugia après la première représentation de l'Opritchnik à Saint-Pétersbourg, en avril 1874.

des œuvres n'exigeant pas un grand orchestre. À vrai dire, il ne s'intéressa jamais profondément à la musique de chambre, bien qu'il fût capable d'en composer avec beaucoup de facilité.

Les principaux refuges estivaux de Tchaïkovski en Russie étaient le domaine des Davidov à Kamenka, où il disposait de sa propre maison, mais prenait ses repas avec la famille, et le domaine Chilovski à Ussovo, où il séjournait parfois seul, préférant de plus en plus la solitude à la compagnie de son hôte, pour lequel son amitié s'estompait. Il rendait aussi visite à un autre ami, Nicolaï Kondratiev, à Nizi, également en Ukraine.

Il voyageait généralement à l'étranger avec des parents et/ou des amis. Il se rendit en Finlande en 1867 ; à Berlin et à Paris en 1868 ; à Paris et dans diverses villes allemandes en 1870, avec un saut en France pour échapper à la guerre franco-prussienne, puis à Vienne ; en Allemagne, en Suisse et en Italie en 1874 (après qu'il se fût enfui de Saint-Pétersbourg au moment de la création d'*Opritchnik*) ; en 1876 à Paris, où il fut fortement impressionné, dans le bon sens, par *Carmen* de Bizet, à Vichy sur ordre d'un médecin, puis à Bayreuth ou l'*Anneau du Nibelung* de Wagner l'impressionna aussi beaucoup, mais dans l'autre sens.

Les voyages incessants de Tchaïkovski étaient l'indice d'une inquiétude intérieure, d'un esprit troublé cherchant à échapper à lui-même. Mais ils ne lui apportaient généralement que peu de réconfort. Alors qu'il était souvent impatient de quitter Moscou et de se rendre « à l'Ouest », à peine avait-il franchi la frontière russe qu'il commençait à regretter son départ. On pourrait trouver comique le contraste entre le mal du pays qu'il exprima souvent dans ses lettres et l'excitation qu'il ressentait à l'idée de partir en voyage si l'on ne savait pas que ce besoin de bouger était l'indice d'une névrose. Non seulement Tchaï-

Ci-dessous : *L'opéra de Bayreuth, temple des wagnériens. Bien qu'il n'aimât pas la musique de Wagner, Tchaïkovski dit du Ring : « bien qu'ennuyeux par moments et si une grande partie en est incompréhensible et vague au premier abord, si les harmonies de Wagner sont parfois critiquables car artificielles et trop compliquées, et ses théories fausses... pourtant l'Anneau du Nibelung est un événement de la plus grande importance, ...une œuvre faisant date ».*

DE LA SOURCE AU FLEUVE

Page précédente :
L'opéra de Paris en 1875. Tchaïkovski a écrit en 1868 que le niveau des productions musicales y était très élevé. Selon lui, Saint-Pétersbourg n'avait « aucune idée de telles productions », dans lesquelles aucun détail n'était négligé.

Ci-dessus :
Tchaïkovski (à droite) et son frère Modeste à San Remo en 1878. Avec eux le petit « Kolya », l'élève sourd-muet de Modeste, et Alexis Sofronov, le valet du compositeur.

kovski voyageait souvent, mais encore il déménageait souvent d'un appartement de Moscou à l'autre. Quand il eut acquis sa propre résidence à la campagne, plus tard dans sa vie, il n'habita pas moins de trois maisons différentes du même district en l'espace de sept ans.

Pour de nombreux compositeurs, une vie ponctuée de déplacements incessants aurait pu être préjudiciable à l'activité créatrice, mais ce ne fut pas le cas de Tchaïkovski. Rien ne pouvait troubler sa concentration. Quelqu'un jouant du piano dans la pièce voisine ne le dérangeait aucunement et il continuait à composer quelles que fussent les circonstances.

Un homme aussi peu apte à organiser son existence aurait dû être désarmé devant les difficultés inévitables auxquelles se heurtaient un voyageur, mais il s'était offert le luxe d'engager un valet de chambre. Plus tard dans la vie, il s'appuiera beaucoup sur ce serviteur loyal et dévoué.

Parmi les nombreuses erreurs que Tchaïkovski a commis au cours de son existence, il en est une d'importance mineure, mais si curieuse qu'elle vaut la peine d'être racontée. La Grande Duchesse Héléna Pavlovna avait commandé à Alexandre Sérov un opéra dont le livret était tiré d'un récit de Gogol. La mort soudaine de Sérov, en 1871, laissant le projet sans compositeur, un concours fut organisé, les partitions devant être remises en août 1875. Tchaïkovski, qui s'était tardivement décidé à concourir, imagina pour une raison ou une autre que la date limite était sept mois plus tôt. Il composa donc *Vakoula le forgeron* en toute hâte et soumit son opéra au début de l'automne 1874. Quand il s'aperçut de son erreur, il essaya de le récupérer. Sa demande fut rejetée, mais les règles du concours avaient été violées car celui-ci devait être anonyme. C'est finalement son œuvre qui fut choisie et représentée en décembre 1876. César Cui, qui avait pourtant la dent dure, écrivit une excellente critique. En revanche, l'accueil du public fut froid. Dix ans plus tard, Tchaïkovski révisa son opéra et le rebaptisa *Tchérévitchki*. « C'est presque mon meilleur opéra », a-t-il dit trois ans avant sa mort à son ami l'éditeur de musique Jurgenson. Il est rarement représenté de nos jours, mais certains critiques partagent toutefois le jugement du compositeur.

FIN DE LA PREMIÈRE PÉRIODE

L'apogée de la première grande période créatrice de Tchaïkovski approchait. Il composa son premier concerto de piano (opus 23) en 1874. C'est presque incontestablement le concerto de piano jamais écrit qui est le plus aimé et le plus joué (peut-être à la seule exception de l'*Empereur* de Beethoven). Sa genèse ne fut pourtant pas heureuse.

Selon la légende, Tchaïkovski avait, initialement, l'intention de dédier ce concerto à Nicolaï Rubinstein, mais rien ne permet de l'affirmer. Quoiqu'il en soit, quand l'ouvrage fut présenté à Rubinstein, celui-ci ne ménagea pas ses critiques et ajouta, selon Tchaïkovski lui-même, qu'il ne le jouerait en aucun cas sous cette forme. Sa réaction fut si hostile que Tchaïkovski, toujours sensible à la critique, surtout de la part de ses amis, se sentit insulté et quitta la pièce en jurant qu'il n'en changerait pas une seule note.

Pour être juste envers l'un et l'autre, il faut dire que certaines des objections de Rubinstein ont aussi été soulevées par d'autres critiques, que Tchaïkovski effectua par la suite des modifications dont certaines dans le sens indiqué par Rubinstein et, finalement, que ce dernier finit par changer d'opinion. D'ailleurs, Nicolaï Rubinstein interpréta ce concerto de nombreuses fois par la suite.

La dédicataire du premier concerto de piano de Tchaïkovski fut Hans von Bülow, un pianiste célèbre dans le monde entier, qui le créa aux États-Unis, à Boston, en 1875. Le télégramme qu'il envoya à Tchaïkovski pour l'informer de l'énorme succès (il exagérait un

Ci-contre : *Hans von Bülow (1830-1894), pianiste et chef d'orchestre, mari de Cosima la fille de Liszt, qui le quittera pour Wagner. Il joua un grand rôle dans la diffusion de la musique de Tchaïkovski, notamment le premier concerto de piano.*

peu) de son œuvre aurait été le premier télégramme envoyé directement de Boston à Moscou. La première audition moscovite fut dirigée par nul autre que Nicolaï Rubinstein, la partie de piano étant tenue par Sergueï Tanéiev (1856-1915), élève de Rubinstein et de Tchaïkovski dont il fut l'ami jusqu'à la fin.

La même année, Tchaïkovski composa la troisième symphonie « polonaise », dans laquelle le thème du combat contre le destin réapparaît, et commença à travailler à un ballet commandé par les Théâtres impériaux, *Le Lac des cygnes*. En 1876, il composa le troisième quatuor à cordes (opus 30) et l'ouverture-fantaisie *Francesca da Rimini* (opus 32) inspirée par Dante, considérée par le Groupe des Cinq comme ce que Tchaïkovski avait écrit de meilleur. Cette œuvre devait quelque chose à *Carmen* de Bizet qui l'avait enthousiasmé à Paris et aussi – il l'admettait avec tristesse – au *Ring* entendu à Bayreuth au cours du même voyage.

L'année suivante (1877) fut marquée par une grande crise intérieure qui, pourtant, ne l'empêcha pas de composer sa quatrième symphonie et de commencer le travail sur *Eugène Onéguine* : l'un et l'autre de purs chefs-d'œuvre.

Ci-contre : *Sergueï Tanéiev (1856-1915), pianiste, compositeur et critique musical, ancien élève ami de Tchaïkovski jusqu'à la fin. Il donna la première audition en Russie du premier concerto pour piano.*

Tchaïkovski et Antonina Milyukova, à l'époque de leur mariage, en juillet 1877.

FLUX ET REFLUX

Un mariage désastreux ; étranges relations entre Tchaïkovski et son mécène, Nadejda von Meck ; gloire en Russie et à l'étranger ; gentilhomme campagnard

En 1876, Tchaïkovski révéla son intention de se marier. Il écrivit à son frère Modeste, également homosexuel, qu'après mûre réflexion, il avait décidé de « se préparer à entrer dans l'union d'un mariage légal *avec qui que ce soit* [italiques ajoutées]. Je trouve que nos *inclinations* sont... le plus infranchissable des obstacles au bonheur, et nous devons combattre notre nature de toutes nos forces ».

Ainsi, Tchaïkovski tenta, par la force de sa seule volonté, de nier sa vraie nature. Ce fut une entreprise désastreuse.

En 1877, Tchaïkovski travaillait à sa quatrième symphonie, dans laquelle son obsession de la lutte contre le destin (nourrie de l'influence de *Carmen*) est très présente. Il éprouvait certaines difficultés avec cette œuvre et ses lettres prouvent qu'il souffrit d'une dépression grave au printemps, alors qu'il avait aussi entrepris la composition d'un nouvel opéra, *Eugène Onéguine*, d'après un poème de Pouchkine.

Son état mental était mauvais quand il reçut une lettre d'amour d'une femme de

Ci-contre : Modeste Tchaïkovski, *photographié en 1891. Bien qu'ayant dix ans de moins que le compositeur, il fut son frère le plus proche.*

FLUX ET REFLUX

Ci-contre :
Représentation d'Eugène Onéguine à l'opéra Kirov de Léningrad, en 1987.

28 ans nommée Antonina Ivanovna Milyukova, qui disait avoir été son élève au conservatoire. Tchaïkovski ne se souvenait pas d'elle et il ignora sa lettre, mais elle revint à la charge, menaçant de se suicider s'il refusait de la rencontrer. Il finit par céder et la découragea avec beaucoup de gentillesse. En se replongeant dans *Eugène Onéguine*, il fut affecté par la situation pathétique de Tatiana dont l'amour – déclaré par lettre comme celui de sa soupirante – n'était pas partagé par le héros. Il retourna donc voir Antonina Ivanovna et finit par lui demander de l'épouser. Elle accepta aussitôt.

Sa femme n'était « pas très jeune » (bien qu'elle eût neuf ans de moins que lui) et n'était pas très intelligente. Son état mental était aussi instable (elle passera les vingt dernières années de sa vie dans un asile). Tchaïkovski lui a très probablement déclaré que leur mariage serait platonique, mais sans lui en donner la raison. Il eut été étonnant que la malheureuse le prît au sérieux car un de ses fantasmes était de se croire sexuellement irrésistible. Ils se marièrent le 18 juillet 1877. Le seul membre de la famille de Tchaïkovski assistant au mariage fut Anatole. Sacha n'avait été informée qu'au tout dernier moment.

Pendant ses courtes fiançailles, Tchaïkovski parut généralement calme. « Ce qui doit arriver arrivera, écrivit-il dans une lettre personnelle, pourquoi lutter contre le destin ? » Si le dernier mouvement de la quatrième symphonie trahit un désordre intérieur, il n'y en a nulle trace dans *Eugène Onéguine* – qu'il composait à une vitesse étonnante même pour lui – mais à l'écoute de la musique, il n'y a aucun doute qu'il se sentait très proche de son héroïne, Tatiana.

Après la cérémonie, le couple se rendit à Saint-Pétersbourg pour rendre visite au vieux père de Tchaïkovski, dont le mariage tardif et très heureux avec une simple pay-

FLUX ET REFLUX

sanne avait peut-être eu une influence décisive sur la décision de Tchaïkovski. « Quand le train s'ébranla, écrivit-il à Anatole, j'étais prêt à hurler ; les sanglots m'étouffaient. Mais je dus faire la conversation à ma femme jusqu'à Klin afin d'avoir le droit de m'enfoncer dans mon fauteuil, dans l'obscurité, seul avec moi-même... » Cinq jours plus tard, il confia à Anatole qu'il trouvait sa femme physiquement repoussante et après un peu plus d'un mois, il partit seul – pour le Caucase, afin de suivre une cure sur ordre du médecin, avait-il expliqué à une Antonina Ivanovna peut-être sceptique.

De fait, il était allé se réfugier à Kamenka, où le réconfort apporté par Sacha et sa famille fut tel qu'à la fin d'août, il put se remettre au travail.

Un mois plus tard, rempli d'appréhension, il rentra à Moscou où un nouvel appartement avait été préparé pour le couple et où le conservatoire était sur le point de rouvrir ses portes. Il écrivit alors que sa femme était ennuyeuse, mais les sentiments qu'elle lui inspirait étaient plus forts que l'ennui. Il était rempli de haine, de crainte et de désespoir.

Si toute cette histoire n'était pas désespérément triste, un incident serait presque comique. Une nuit, après avoir parcouru les rues de Moscou pendant des heures, Tchaïkovski entra délibérément dans les eaux glacées de la Moskova dans l'espoir d'attraper une pneumonie. Avec un peu de chance, pensait-il, il en mourrait sans le déshonneur d'un suicide. Il rentra trempé et expliqua à sa femme qu'il était tombé accidentellement dans la rivière. Étant physiquement robuste, il n'attrapa même pas un refroidissement.

Mais mentalement, il était sur le point de s'écrouler. Après moins de deux semaines de cohabitation, il s'arrangea avec Anatole pour être soit-disant appelé à Saint-Pétersbourg. Quand Anatole l'accueillit à la gare, il fut effrayé par son aspect et le conduisit aussitôt dans un hôtel. À peine arrivé, Tchaïkovski s'évanouit et ne reprit conscience que deux jours plus tard. Le médecin recommanda le repos et un changement complet d'environnement. C'était la fin du mariage.

On ne peut, heureusement ou pas, se débarrasser facilement de son épouse. D'une manière générale Antonina Ivanovna, pour laquelle on ne peut que ressentir de la sympathie, quelles que fussent ses motivations, ne fit pas autant de difficultés qu'on aurait pu le craindre.

Anatole et Nicolaï Rubinstein l'informèrent de la situation et la persuadèrent de partir loin de Moscou, à Odessa où ils espéraient, vainement, qu'elle se fixerait. Elle donna son accord et les étonna par son calme. Peut-être était-elle soulagée par la tournure des événements mais, apparemment, ce qui l'impressionna le plus fut qu'une personnalité aussi importante que Rubinstein eût pris le thé avec elle.

Pourtant Antonina Ivanovna ne laissa pas son mari entièrement en paix par la suite. Ses lettres et, plus encore, ses visites le plongeaient toujours dans le désespoir. Il lui arriva même de venir s'installer dans la même maison. La prenant en pitié, Sacha l'invita à venir passer quelque temps à Kamenka, mais elle dut bientôt supplier Anatole de venir la chercher.

Un divorce s'avéra impossible. Antonina Ivanovna en acceptait le principe, mais refusait d'admettre l'adultère comme motif et c'était le seul légalement possible. Elle ne tarda pas à fournir elle-même des motifs en abondance sous forme de plusieurs enfants illégitimes, mais Tchaïkovski craignait que sa femme, dont l'instabilité mentale s'aggravait avec le temps, puisse dire quelque chose qui aurait terni sa réputation.

Un des effets de ce mariage fut de mettre un terme, pour un temps, aux rumeurs sur l'homosexualité de Tchaïkovski.

NADEJDA VON MECK

Tchaïkovski n'aurait sans doute pas survécu à cet épisode désastreux sans le soutien moral de sa famille et de ses amis et sans la relation qu'il avait noué avec une autre femme peu avant l'entrée d'Antonina Ivanovna dans sa vie.

Nadejda von Meck (1831-1894) était une riche veuve. Son mari, parti de rien, était devenu un magnat des chemins de fer, en grande partie grâce à l'exceptionnel sens des affaires de sa femme. En plus de cet utile talent, elle l'accompagnait au piano (il était violoniste) et lui avait donné onze enfants (en vérité, elle en eut douze, mais le père du dernier était le secrétaire de son mari. Si l'on en croit la légende familiale, c'est en apprenant l'adultère de sa femme par une de leurs filles, quatre ans plus tard, qu'il était mort d'une attaque).

En 1876, Mme Von Meck demanda à Nicolaï Rubinstein de lui recommander un violoniste qui pourrait jouer avec elle. Il suggéra Iosif Kotek, qui venait de terminer ses études au conservatoire et manquait d'argent. Kotek et son ancien professeur d'harmonie – Tchaïkovski – étaient restés très liés et c'est sans doute à son instigation que Mme von Meck écrivit à Tchaïkovski pour lui demander s'il pouvait lui fournir (en échange d'honoraires confortables) des arrangements pour violon et piano. Tchaïkovski s'exécuta promptement et Mme von Meck l'en remercia par une note dans laquelle elle le couvrait de compliments outrés se terminant par ces mots : « avec mon respect le plus sincère et ma dévotion la plus sincère ». Tchaïkovski répondit par une courte lettre conventionnelle. Ainsi commença ce que le plus récent biographe de Tchaïkovski (David Brown) a nommé « une des correspondances les plus célèbres et les plus extraordinaires de toute l'histoire de la culture occidentale ».

Tchaïkovski a entretenu avec Mme von Meck des relations émotionnelles plus étroites qu'avec quiconque, sinon deux ou trois membres de sa famille. Leur correspondance, d'un volume énorme, nous apprend plus qu'aucune autre source sur son attitude envers la composition et la vie en général.

Ci-contre : *Nadejda von Meck (1831-1894), une femme étrange et fascinante avec laquelle Tchaïkovski entretint une correspondance suivie pendant de nombreuses années. Bien qu'ils ne se fussent jamais parlés, elle fut la personne la plus importante dans la vie du compositeur.*

Bien qu'il ne lui dise pas tout et que ses lettres, comme toutes les lettres de ce genre, soient rédigées en fonction des idées de son correspondant, il lui confie des choses qu'il n'aurait dites à personne d'autre. Parmi elles, on relève ses commentaires hostiles sur des gens dont, comme Nicolaï Rubinstein, on aurait autrement pensé qu'ils faisaient partie de ses amis les plus proches et aussi sur Balakirev et le Groupe des Cinq, qui n'occupaient plus une position prépondérante et qui ne l'intéressaient plus autant.

Les deux correspondants, qui abordaient tous les sujets concevables, de la religion au temps qu'il faisait, avaient naturellement beaucoup en commun. L'un et l'autre étaient

Москва 15 Іюля 1877 г.

№ 20

Вчера пріѣхалъ я въ Москву и отправившись въ Консерваторію получилъ письмо Ваше, дорогая Надежда Филаретовна. Въ томъ состояніи нервной возбуждённости, въ которомъ я теперь нахожусь, Ваши дружескія рѣчи, Ваше тёплое участіе ко мнѣ, — подѣйствовали на меня самымъ благотворнымъ образомъ.

Надежда Филаретовна! Какъ это ни странно, какъ это ни смѣло, но я долженъ, я принужденъ опять обратиться къ Вамъ за матеріальной помощью. Вотъ въ чемъ дѣло. Изъ извѣстной Вамъ суммы у меня оставалось совершенно достаточное количество денегъ для путешествія на Кавказъ и вообще для того, чтобы не стѣсняясь въ расходахъ провести лѣто совершенно покойно. На сцену явилась женитьба. Всѣ эти деньги ушли на свадьбу и на сопряженныя съ нею расходы. Меня тамъ я былъ совер-

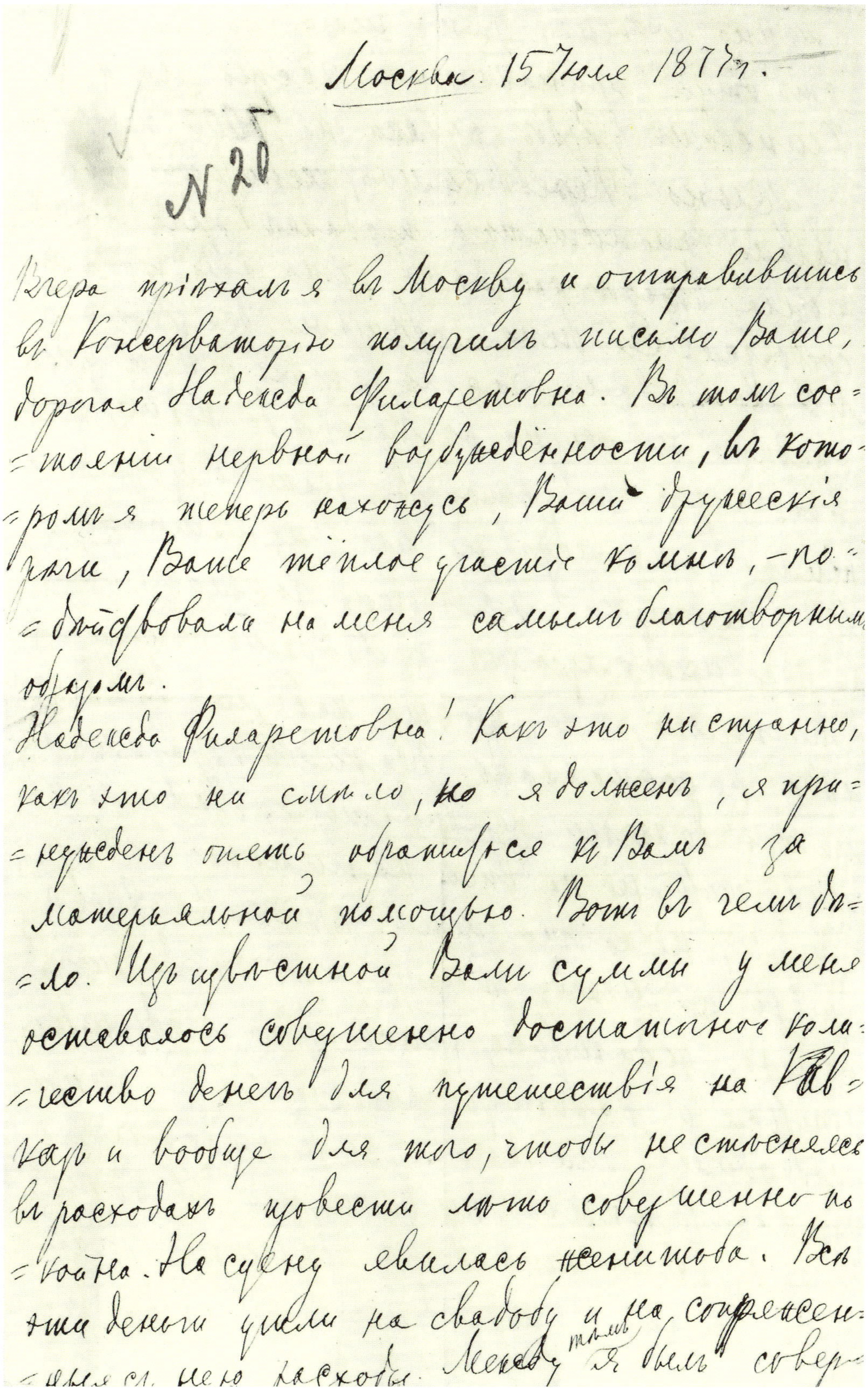

Ci-contre :
Fragment d'une lettre de Tchaïkovski à Mme von Meck, écrite neuf jours après son mariage, la remerciant de sa sympathie (elle avait intelligemment dissimulé son déplaisir intense à l'annonce de son mariage) et sollicitant une aide de 1 000 roubles pour faire une cure dans le Caucase. Elle lui envoya l'argent, mais au lieu de se rendre dans le Caucase, il alla chez les Davidov, à Kamenka.

FLUX ET REFLUX

des solitaires, par tempérament et aussi en raison des circonstances, et ils étaient tous deux à jamais insatisfaits.

Mme von Meck, qui avait neuf ans de plus que Tchaïkovski, jouait un peu le rôle d'une mère. Malgré leurs relations très étroites, la satisfaction qu'ils en tiraient et leur admiration réciproque, ces deux personnalités attachantes et inquiètes *ne se parlèrent jamais*.

Ils conservaient cette distance par accord mutuel. Il y avait des occasions, quand ils se trouvaient dans un même lieu, par exemple une salle de concert, mais ils s'évitaient délibérément. Sans doute craignaient-ils que leurs relations ne souffrissent d'une rencontre face à face (l'admiration de Tchaïkovski pour Tolstoï s'était amoindrie après qu'il eût fait la connaissance du grand homme), mais le repli sur elle-même de Mme von Meck frisait la névrose (ne voyageant que par train spécial, elle ne voyait pour ainsi dire personne en dehors de sa famille et de ses serviteurs). Pourtant, ils jouaient parfois avec le feu. Ainsi, ils séjournèrent délibérément en même temps à Florence, en 1878, non loin l'un de l'autre et l'on observa Mme von Meck passer sous les fenêtres de Tchaïkovski. Ce fut leur « lune de miel ». Il séjournait parfois dans une maison du domaine von Meck alors qu'elle s'y trouvait. Elle l'informait de

FLUX ET REFLUX

l'heure de sa promenade afin qu'il ne sorte pas à ce moment, mais il arriva une fois qu'il, ou elle, se trompât et ils se croisèrent dans le bois. Tchaïkovski leva son chapeau et poursuivit son chemin sans un mot.

Mme von Meck lui apporta aussi une aide financière, d'abord sous forme de commandes, puis à titre de prêt (sollicité par Tchaïkovski au moment de sa crise conjugale), puis cette femme généreuse lui versa une pension de 6 000 roubles pendant 13 ans.

Les finances de Tchaïkovski restèrent toujours fragiles, d'une part parce qu'il était lui-même généreux (il en fut réduit à mettre sa montre en gage aussi tard qu'en 1885) et d'autre part parce qu'il savait, grâce à Mme von Meck, ne pas avoir à s'inquiéter du lendemain.

Ci-contre : Domaine de Brailov, appartenant à Mme von Meck. Tchaïkovski descendait dans la demeure principale quand elle était absente, sinon dans une vieille maison du domaine, dans le village de Simaki, « entourée de chênes et de tilleuls vénérables ».

RETOUR À L'ÉQUILIBRE

Après sa dépression, Nicolaï Rubinstein lui accorda une année sabbatique (avec traitement) que Tchaïkovski passa principalement à Clarens, en Suisse, en compagnie d'Anatole. Il était depuis longtemps lassé du conservatoire. « Pendant dix ans, j'ai enseigné l'harmonie, et pendant tout ce temps, j'ai haï mes classes, mes élèves, mes manuels d'enseignement et moi-même, en tant que professeur », dit-il à Rimski-Korsakov, en exagérant sans doute. Quand il revint à Moscou, en septembre 1878, il put aban-

Ci-contre : Tchaïkovski passa de longues vacances en 1878 à Clarens, près de Montreux, dans une maison dominant le lac de Genève.

donner le professorat, grâce à la générosité de Mme von Meck. Libéré de son enseignement, il put désormais satisfaire sans entrave son désir d'une vie nomade : il resta rarement au même endroit ou dans le même pays plus de quelques mois consécutifs.

La quatrième symphonie et *Eugène Onéguine*, probablement les meilleures œuvres de Tchaïkovski jusqu'alors, furent achevés en 1878. Il composa aussi en Suisse le concerto de violon (opus 35) et la seconde sonate pour piano (opus 37).

La symphonie est dédiée à Mme von Meck, mais ses passages les plus poignants doivent sans doute davantage à sa relation désastreuse avec Antonina Ivanovna. Tchaïkovski était très satisfait de ce travail, qui l'avait occupé pendant une longue période. Elle fut créée sous la baguette de Nicolaï Rubinstein moins de deux mois après qu'il en eut écrit la dernière note, au début de 1878. Ses amis furent loin d'en être enthousiasmés. Pour Tanéiev, un des plus fidèles, elle comprenait trop de « musique de ballet » et il déclara qu'elle évoquait pour lui une « musique à programme ». Tchaïkovski estima ces remarques en partie justifiées, mais à ses yeux, ces caractéristiques ne diminuaient en rien la valeur de son œuvre. Il expliqua d'ailleurs à Mme von Meck qu'une grande partie de la musique de cette symphonie lui semblait avoir peu de relation avec le « programme ».

Quelque soit le contenu autobiographique de la quatrième symphonie, elle marquait un net pas en avant dans la technique de composition. Le premier mouvement, notamment, était le plus admirable mouvement symphonique qu'il eût jamais composé. Le dernier, en revanche, est moins réussi que celui de la deuxième symphonie.

Eugène Onéguine ne fut créé qu'en 1879. Généralement considéré comme le plus grand des opéras de Tchaïkovski, il est insolite (comme le compositeur l'a lui-même admis) en ce qu'il lui manque une trame dramatique puissante. « Peut-être mon opéra ne sera-t-il pas théâtral », s'interrogea-t-il alors. Avec du recul et en considérant toute sa production lyrique, il semble bien que ses craintes n'étaient pas fondées. Tchaïkovski avait mis tant de lui-même dans cette œuvre qu'il ne voulut pas la confier au Théâtre impérial de Saint-Pétersbourg qui lui semblait englué dans les conventions, avec de grandes vedettes plus intéressées à leur carrière qu'à la musique et des metteurs en scène médiocres. *Eugène Onéguine* fut finalement représenté pour la première fois par les élèves du conservatoire de Moscou. Le compositeur eut l'impression que les applaudissements s'adressaient plus à lui personnellement qu'à l'opéra proprement dit et il quitta la ville par le premier train.

Tchaïkovski avait eu tort de s'inquiéter : la critique fut excellente, *Eugène Onéguine* fut repris deux ans plus tard au Bolchoï et devint bientôt, avec *La Vie pour le Tsar* de Glinka, l'opéra préféré des Russes. Quand il vint assister à une représentation, Alexandre III invita le compositeur dans sa loge et cet opéra n'a plus quitté depuis le répertoire international.

L'unique concerto de violon fut le fruit d'une explosion d'activité créatrice de Tchaïkovski, alors qu'il émergeait, en Suisse, du cauchemar qu'avait été son mariage. La

Ci-contre : *La loge impériale à l'opéra de Saint-Pétersbourg, en 1874.*

cause immédiate fut l'arrivée dans sa villa des bords du lac de Genève du violoniste Iosif Kotek, le protégé de Mme von Meck et l'ancien élève adoré de Tchaïkovski (toute attirance sexuelle fut probablement unilatérale, car Kotek était un grand coureur de jupons). En dépit de la mélancolie typiquement russe du deuxième mouvement, le concerto de violon est une des œuvres les plus joyeuses de Tchaïkovski. Malgré l'aide apportée par Kotek, l'œuvre est dédiée à un autre violoniste et fut créée par un troisième. Hanslick, dans une critique célèbre, estima que la musique « puait » (des années plus tard, Tchaïkovski pouvait encore citer tout l'article de mémoire), mais après un accueil mitigé, le concerto devint très populaire ; associant des lignes mélodiques très belles et des passages permettant au soliste de mettre en valeur sa virtuosité, il l'est resté jusqu'à nos jours.

Tchaïkovski avait commencé la composition de la sonate pour piano avant celle du concerto de violon, mais il la mit de côté à l'arrivée de Kotek à Clarens. Les deux œuvres présentent un contraste intéressant. On ne trouve dans la sonate nulle trace de l'inspiration nourrissant le concerto, probablement parce qu'elle fut composée sans la présence d'un catalyseur comme Kotek.

Le jaillissement d'activité créatrice, dont le plus beau produit fut le concerto de violon, fut suivi d'une longue période de sept années pendant lesquelles Tchaïkovski ne composa aucun chef d'œuvre. Il ne resta pas inactif, car il pensait qu'un compositeur devait composer de la musique comme un meunier devait moudre le grain (l'inspiration ne visite pas les paresseux, disait-il). Il ne resta jamais longtemps privé d'idées, mais mise à part la riche année 1880, sa production fut beaucoup moins abondante et ses quelques œuvres d'envergure ne présentèrent pas un intérêt majeur.

Pendant son séjour dans le domaine de Mme von Meck à Braïlov (en son absence), en 1878, il composa ses 24 pièces faciles pour piano connues sous le titre d'*Album pour les enfants*. Cette œuvre est dédiée à son neveu, Vladimir Davidov, dit Bob, qui n'avait alors que sept ans, mais qui allait jouer un rôle de plus en plus important dans la vie de Tchaïkovski : il sera le dernier jeune homme avec lequel il nouera des liens étroits dus à une attirance sexuelle.

Plus tard dans l'année, il retourna à Clarens, qu'il aimait beaucoup depuis qu'il s'y était réfugié avec Anatole après le fiasco de son mariage. Il y travailla à *La Pucelle d'Orléans* – il était fasciné depuis longtemps par Jeanne d'Arc mais son opéra, créé à

Saint-Pétersbourg en 1881, ne reflète guère son enthousiasme pour le sujet.

Le Capriccio italien (opus 45) de 1880 est né du désir, alors qu'il séjournait à Rome, de composer quelque chose dans le genre des *Ouvertures espagnoles* de Glinka. On y retrouve l'euphorie du concerto de violon et Tchaïkovski ne se trompait pas quand il écrivait, peu après l'avoir commencé, « je pense que je puis lui prédire un bel avenir ». Moscou s'enthousiasma pour *Le Capriccio italien* comme, un peu plus tard, pour la *Sérénade* pour cordes (opus 48).

Ci-dessus : *Vladimir (« Bob ») Davidov, le neveu favori de Tchaïkovski, auquel il désirait dédier sa dernière grande symphonie.*

GLOIRE EN RUSSIE ET AILLEURS

Tchaïkovski composait, à la même époque que la délicate et gracieuse *Sérénade* pour cordes, une œuvre d'un caractère totalement différent. Nicolaï Rubinstein avait été nommé responsable de la musique pour l'Exposition des arts et de l'industrie

FLUX ET REFLUX

prévue pour 1881 et avait commandé à Tchaïkovski une ouverture qui devait être jouée le jour de son inauguration. Tchaïkovski n'en était pas très heureux, car il n'aimait pas ce genre de travail, mais il ne pouvait décemment repousser une demande personnelle de Rubinstein. Après avoir longtemps tergiversé, il se mit finalement au travail en octobre 1880 et acheva l'œuvre, orchestration mise à part, en une semaine. C'était l'*Ouverture solennelle « 1812 »*, aujourd'hui une de ses œuvres les plus populaires.

Aucun critique sérieux ne s'est jamais étendu sur cette ouverture et le compositeur lui-même ne se faisait aucune illusion sur sa véritable valeur. « L'ouverture, dit-il à Mme von Meck, fera beaucoup de bruit et sera tonitruante [elle comprend des carillons et des coups de canon]. Je l'ai écrite sans beaucoup d'enthousiasme et elle n'aura sans doute aucun mérite artistique ».

Sa musique était maintenant connue dans le monde entier, mais sa satisfaction n'était pas sans mélange : il était heureux d'être célèbre (et admiré), mais les obligations découlant de la célébrité l'ennuyaient et contrariaient son penchant à la solitude.

Bien qu'il fût encore souvent inquiété par des problèmes d'argent (il dut, au moins une fois, demander à Mme von Meck de lui consentir une avance sur sa pension annuelle), ses revenus augmentaient au fur et à mesure que sa musique était jouée partout dans le monde. Il avait eu la chance de compter parmi ses premiers admirateurs les chefs des orchestres philharmonique et symphonique de New York (respectivement Karl Bergmann et Walter Damrosch). Von Bülow avait fait des merveilles avec le premier concerto de piano, donnant ses premières auditions à Londres et à New York. Tchaïkovski était bien connu à Berlin, Budapest, Londres et Paris où, bien que sa quatrième symphonie eût été sifflée, on aimait beaucoup des œuvres comme le troisième quatuor (opus 30). Il se plaignait parfois d'être mieux traité à l'étranger qu'en Russie, notamment à Saint-Pétersbourg. Il était en effet devenu un vrai Moscovite et ses lettres abondent de

Ci-contre : *Le tsar Alexandre II (qui régna de 1855 à 1881) en 1877.*
Il émancipa les serfs, bouleversement devant lequel ses prédécesseurs avaient reculé, mais son libéralisme relatif ne le sauva pas de la bombe d'un assassin.

À droite : *Le Palais d'hiver à Saint-Pétersbourg – aujourd'hui Léningrad – (où est installé aujourd'hui le musée de l'Ermitage), toile de fond d'une des scènes de* La Dame de pique.

critiques sur la capitale (qu'était alors Saint-Pétersbourg). En Russie, entre autres problèmes, des modifications d'œuvres ou même des suppressions de représentations étaient parfois ordonnées par la censure, laquelle devenait plus sévère chaque fois qu'il y avait eu un attentat contre le tsar (Alexandre II fut assassiné en 1881). Tchaïkovski ne s'occupait pas de politique mais, comme le proclame sa musique, il croyait passionnément en la liberté de l'individu.

Bien entendu, la musique de Tchaïkovski était jouée et appréciée partout en Russie, notamment, pour ce qui en est de ses mélodies et de ses pièces mineures, par les musiciens amateurs. Son apport à la culture russe commençait à être largement reconnu, il jouissait de la faveur du tsar – une suggestion du souverain (l'équivalent d'un ordre) fut à l'origine d'une partie de sa musique religieuse, et il comptait le grand duc Constantin Nicolaïevitch (frère du tsar) et des personnalités comme le prince Galitzine parmi ses amis.

Il ne s'agissait évidemment pas d'amis très proches. Mais même ceux qui semblent avoir été ses amis les plus intimes ne tenaient pas dans son affection, si l'on en juge par ses lettres, la place que l'on pourrait imaginer. Peut-être est-il injuste, à cet égard, de donner trop d'importance à la correspondance privée de quelqu'un. Tchaïkovski, qui était tout

Ci-dessus : *Le tsar Alexandre III (qui régna de 1881 à 1894), dont le couronnement fut célébré avec une magnificence extraordinaire. Tchaïkovski composa* La Marche du Couronnement *et* La Cantate du Couronnement « Moscou ».

sauf malveillant, fut souvent meurtri par les rumeurs qui couraient sur son compte, même au sein de sa propre famille.

Le cercle des gens auxquels Tchaïkovski s'intéressait véritablement était restreint – Mme von Meck ; Sacha ; les jumeaux, Anatole et Modeste ; quelques autres comme Kotek ou Tanéiev, à certaines périodes ; son serviteur, Alexis (« Aliocha ») Sofronov, qu'il ne faut surtout pas omettre.

Sofronov, qui avait près de vingt ans de moins que son maître, avait pris la succession de son frère aîné. D'emblée, il fut autant un compagnon qu'un serviteur, accompagnant Tchaïkovski dans ses promenades à la campagne, partageant ses repas, allant même au théâtre avec lui (bien que leurs goûts fussent totalement différents). Les voyages incessants auraient beaucoup plus pesé sur Tchaïkovski s'il n'avait été là pour s'occuper des questions pratiques. Quand Alexis, qui représentait pour lui la sécurité, dut partir pour le service militaire, Tchaïkovski fut très déprimé, mais il fit jouer ses relations pour que sa durée soit réduite de six à trois ans. Il est exact que Tchaïkovski aimait ce jeune homme (parmi beaucoup d'autres), mais il est inexact de prétendre que leur relation fut physique.

Nicolaï Rubinstein, qui avait tant fait pour sa carrière, fait partie de ceux pour lesquels son amitié n'était pas aussi forte qu'on pourrait le croire. Pourtant, sa mort soudaine, en 1881, peu avant la création du deuxième concerto de piano (opus 44) dont il était le dédicataire et qu'il devait interpréter, bouleversa le compositeur.

On exhorta Tchaïkovski à lui succéder à la tête du conservatoire de Moscou, mais cette situation sédentaire ne lui plaisait pas. Il hésita pourtant avant de refuser. Balakirev, qui venait de revenir sur la scène musicale après une dépression nerveuse et plusieurs années passées comme employé des chemins de fer, la refusa aussi. Tanéiev était le choix de Tchaïkovski, mais ce fut Nicolaï Herbert, un ancien condisciple de Tchaïkovski à Saint-Pétersbourg qui fut choisi bien que peu estimé dans la profession. D'ailleurs, Herbert démissionna bientôt et fut remplacé par Tanéiev.

Tchaïkovski composa en 1882 un trio avec piano (opus 50) « dédié à la mémoire d'un grand artiste » (Nicolaï Rubinstein), en se souvenant peut-être d'une demande antérieure de Mme von Meck pour une telle œuvre. Le cœur n'y était pas complètement et l'émotion qui s'en dégage peut sembler superficielle, mais ce trio se détache des autres œuvres de cette époque.

Au début des années 1880, l'inactivité relative de Tchaïkovski fut masquée par l'arrivée sur la scène ou au concert d'œuvres composées précédemment, par une succession d'œuvres mineures et d'arrangements – par lui-même ou d'autres. Par exemple, le jeune Claude Debussy (1862-1918), un autre protégé de Mme von Meck, arrangea pour piano à quatre mains les danses du *Lac des cygnes*.

Quant à Tchaïkovski, qui séjournait à Kamenka pendant l'été 1881, il éditait la musique d'église de Bortnianski (1751-1825), directeur de la Chapelle impériale du temps de Catherine II la Grande. Entreprise à la demande de Jurgenson, c'était un travail considérable – l'édition compte dix volumes – qui n'était pas de son goût. Il a dit qu'il ne supportait pas la musique de Bortnianski, mais il n'avait rien de mieux à faire à ce moment-là.

Le couronnement prochain du nouveau tsar (Alexandre III) allait lui valoir une nouvelle commande. Un concert Tchaïkovski fut donné pour l'inauguration – retardée – de l'exposition internationale des arts et de l'industrie, avec la création, par Tanéiev, du deuxième concerto de piano (pas un grand

Ci-dessous : *Alexis Sofronov et sa femme. Il fut un serviteur dévoué sur lequel Tchaïkovski se déchargea des questions pratiques (devant lesquelles le compositeur était désarmé).*

succès) et la populaire *Ouverture « 1812 »*. Tchaïkovski fut longuement acclamé, ce qui confirmait sa position de plus grand compositeur russe d'alors, et fut chargé d'écrire *La Marche du couronnement* et *La Cantate du couronnement « Moscou »* (1883). Il reçut en payement une bague de diamant d'une valeur de 1 500 roubles. Il aurait préféré de l'argent, d'autant plus qu'il mit la bague en gage pour 375 roubles et réussit à perdre et l'argent et le reçu !

En novembre 1881, il assista au mariage de sa nièce Véra (Davidova) avec Rimski-Korsakov, une occasion pour se désoler une fois encore avec Modeste de ce que le destin les eût privé de connaître l'amour entre homme et femme. Un autre mariage qui lui fit grand plaisir fut celui, en 1884, de la sœur de Véra, Anna, avec le fils de Mme von Meck, Nicolaï. Étrangement, c'était en quelque sorte un mariage par procuration symbolisant l'union de Tchaïkovski avec Nadejda von Meck (l'un et l'autre avaient encouragé le mariage de Nicolaï et d'Anna). Mme von Meck ne parut pourtant pas à la cérémonie.

Le bonheur ne régnait plus comme autrefois à Kamenka. Sacha, dont la santé s'était dégradée depuis un certain temps et qui avait pris de la morphine pour calmer sa souffrance, était devenue toxicomane. Son mari, qui avait en outre des difficultés financières, était en pleine dépression et leur fille Tania, après des peines de cœur, s'était mise à boire et se droguait (elle devait mourir en 1887). L'atmosphère était devenue tellement sinistre que Tchaïkovski, ayant recours à un procédé qu'il avait déjà utilisé, s'arrangea pour que Jurgenson le rappelât à Moscou sous un prétexte quelconque.

Plus tard dans l'année, Mme von Meck dut vendre son domaine de Braïlov et Tchaïkovski eut des craintes pour sa pension. C'était une fausse alarme : la fortune de Mme von Meck avait été entamée, mais restait confortable. Mais le nombre de retraites à la campagne où Tchaïkovski pouvait séjourner diminuait. Cela l'a sans doute encouragé à réaliser le projet, souvent remis, de se procurer sa propre maison de campagne.

Tchaïkovski ne se sentait pas bien au début de 1884 et la fatigue de la double production, à Moscou et à Saint-Pétersbourg, de son nouvel opéra *Mazzepa* (d'après Pouchkine), eut raison de sa résistance. Il s'enfuit à Berlin après la création à Moscou, bien que sa deuxième suite pour orchestre (opus 53) dût être jouée pour la première fois le lendemain. Il manqua aussi la première de *Mazzepa* à Saint-Pétersbourg où le tsar, qui était présent, s'étonna que le compositeur ne le fût pas. Cela n'empêcha pas Tchaïkovski de se voir attribuer l'Ordre de Saint-Vladimir un

Ci-contre : *Les Davidov et leurs enfants qui furent pour Tchaïkovski la famille qu'il n'avait pas.*

peu plus tard. Modeste, qui craignait pour la santé de son frère, lui envoya un récit exagéré du succès qu'avait remporté l'opéra. En vérité, cela avait plutôt été un échec relatif.

Alexis effectuant son service militaire, Tchaïkovski était désemparé. Il se rendit à Paris pendant quelques semaines, puis rentra à Moscou à temps pour être décoré par le tsar. Il avait une peur bleue, mais la cérémonie se passa bien.

RETRAITE À LA CAMPAGNE

Tchaïkovski ressentit un immense soulagement quand Alexis fut rendu à la vie civile, car la présence de son fidèle serviteur était une condition sine qua non pour la recherche d'une maison de campagne. Pendant l'été 1884, il fut très occupé, non seulement par la composition, mais encore par les malheurs d'autres personnes comme son vieil ami Laroche, dont la santé déclinait ; Kotek, en train de mourir de tuberculose ; Modeste, qui se heurtait à des difficultés avec sa nouvelle pièce.

L'automne le trouva de nouveau en voyage à l'étranger, mais au début de 1885, il fit passer une annonce dans les journaux de Moscou afin de louer une *datcha*.

Il suffit d'une visite infructueuse pour que la recherche d'une maison perdît tout son charme et c'est Alexis qui fut chargé d'en louer une autre que Tchaïkovski pensait pouvoir peut-être lui convenir. Elle était située non loin de Klin, suffisamment isolée pour être tranquille, mais assez proche d'une gare du chemin de fer desservant Moscou et Saint-Pétersbourg.

Quand Tchaïkovski découvrit la *datcha*, il fut déçu, mais décida qu'elle ferait l'affaire pour un an. Malgré des meubles quelconques et des souris dans la salle à manger, il se mit à l'aimer. « La jolie vue par la fenêtre, la paix et la tranquillité, le sentiment d'être dans ma propre maison, me rendent heureux... j'ai été de bonne humeur toute la journée » écrivit-il à Modeste. Alexis avait arrangé la maison parfaitement ou presque. La chambre à coucher n'était pas satisfaisante, mais « n'étant pas habile à rendre les choses confortables, je ne sais comment [l'] améliorer ».

Il travaillait bien et lisait beaucoup, notamment Dickens – dans le texte et non plus en traduction comme auparavant – et Byron (en traduction française !), qui allait inspirer une de ses œuvres. Il pouvait, théoriquement, aller passer la journée à Moscou, mais le plus souvent les événements conspiraient pour l'y retenir plus longtemps. En septembre, il écrivit à Modeste, de sa maison de Klin : « Je me suis tellement habitué à mon environne-

Ci-dessous : *Famille russe se reposant dans le jardin de leur* datcha. *Tchaïkovski ne se fixa jamais longtemps au même endroit, mais dans l'ensemble, il fut le plus heureux dans ses retraites campagnardes.*

FLUX ET REFLUX

Ci-contre : *La petite ville de Klin dans les années 1890.*

Ci-dessous : *Allée boisée dans le parc du musée Tchaïkovski, à Klin.*

ment qu'il me semble que j'ai toujours vécu ici. »

A Klin, Tchaïkovski menait une vie régulière. Il recevait peu de visites (il annula même une invitation à Modeste pour pouvoir continuer à travailler). Le matin, après le petit déjeuner, s'il ne composait pas, il corrigeait des épreuves, s'occupait de sa correspondance ou lisait. L'après-midi, il se promenait longuement, ce qu'il essayait toujours de faire, même quand il ne se trouvait pas à Klin. C'est pendant ces promenades que son esprit créateur travaillait le mieux. Il résolvait les problèmes en suspens et des idées pour ses compositions futures s'imposaient soudain à lui. Parfois, s'il avait oublié son carnet de notes, il rentrait au plus vite pour les mettre par écrit, mais sa mémoire musicale était si bonne, que ce devait être rarement nécessaire. Il se remettait au travail de cinq à sept et le soir, il lisait, se mettait au piano ou jouait parfois aux cartes. Sa propriétaire, autrefois riche et qui vivait maintenant de la location de la *datcha*, voulait l'entraîner à jouer au piquet, mais il lui avait dit qu'il ignorait tout de ce jeu. Il lui rendait parfois visite, par bonté d'âme. Ayant lui-même une sensibilité à fleur de peau, Tchaïkovski s'efforçait toujours, ou presque, d'éviter de faire de la peine aux autres.

Sa réclusion volontaire lui valut le surnom d'« ermite de Klin » mais, comme dans le cas de sa propriétaire, il ne se dérobait pas à ce qu'il estimait être ses obligations envers la société. Ainsi, il fournit les fonds nécessaires à la construction d'une école dans le voisinage, en 1886, et il la parraina jusqu'à sa mort.

Même s'il l'avait désiré, Tchaïkovski n'aurait pu rester en permanence reclus dans sa maison de campagne. Il était maintenant une personnalité trop connue et il allait bientôt entreprendre une carrière internationale dont il ne se serait pas cru capable quelques années plus tôt. Avant même son installation à Klin, les forces mystérieuses de l'inspiration artistique avaient recommencé à l'animer. Sa période de passivité relative, qui durait depuis 1878, entrecoupée par quelques impulsions fécondes, se terminait, et il allait entrer dans sa seconde grande période de création musicale.

MARÉE HAUTE

*Tchaïkovski chef d'orchestre international ;
dernière grande période de créativité ; rupture avec
Nadejda von Meck ; une mort étrange*

L'installation à Klin fut un jalon important dans l'existence de Tchaïkovski à plusieurs titres. C'était la première fois qu'il se sentait véritablement chez lui et, beaucoup plus important, son inspiration se réveillait : le flot d'œuvres qu'il allait composer sera presque ininterrompu jusqu'à sa mort.

Ce qui déclencha cette seconde période d'activité créatrice fut le poème symphonique « Manfred », sur un drame de Byron. Il faut noter que ce sujet lui fut suggéré par Balakirev, lequel avait aussi été à l'origine de *Roméo et Juliette*, qui avait marqué le début de sa première grande période de créativité.

Cette idée n'enthousiasma pas d'emblée Tchaïkovski, notamment parce que Schumann avait déjà composé une musique de scène, très connue, pour ce drame. Il a raconté qu'il s'était mis au travail uniquement parce que Balakirev ne le laissait pas en paix. Dans la révision de *Vakoula le forgeron*, qu'il effectuait à cette époque (sous le titre *Tchérévitchki*) il inséra le « Chant du maître d'école » dans lequel on a voulu voir une allusion satirique au ton professoral de Balakirev, qui alla jusqu'à fournir lui-même le programme et le découpage de l'œuvre.

Quand il se mit au travail, Tchaïkovski s'identifia vite à son héros tragique. « Je suis moi-même devenu Manfred », écrivit-il à Mme von Meck.

Balakirev lui recommandait de prendre son temps mais, ignorant ce conseil, Tchaïkovski composa *Manfred* très rapidement. Ce poème symphonique fut achevé en septembre 1885. « J'ai l'impression que c'est la meilleure de mes compositions », dit-il à Jurgenson. Balakirev fut d'accord avec lui et c'est encore aujourd'hui le cas de nombreux musicologues. On compare même favorablement *Manfred* à la cinquième symphonie, composée en 1888. Il faut noter que Tchaïkovski a porté le même jugement sur plusieurs de ses grandes œuvres et qu'il a changé rapidement d'opinion peu après (ce fut le cas pour *Manfred*).

Tchaïkovski, qui avait abandonné *Tcharodeyka* (« L'Ensorceleuse ») au profit de *Manfred*, se remit au travail sur cet opéra. Le contraste entre ces deux œuvres illustre bien combien il était important pour lui de se sentir en communion de sentiments avec son sujet. *L'Ensorceleuse*, œuvre alimentaire délibérément composée pour plaire au public, fut un échec total.

Bien qu'il eût le sentiment que personne n'aurait pu diriger mieux que lui ses propres œuvres, Tchaïkovski n'avait plus tenu la baguette depuis sa jeunesse. Cette perspective l'épouvantait. Pourtant, quand les répétitions de *Tchérévitchki* commencèrent, il se laissa convaincre. « Plus le moment redoutable approchait, dit-il à Modeste, plus je souf-

*Page précédente :
Quand il eut atteint la cinquantaine,
Tchaïkovski commença à paraître plus que son âge.*

frais et j'ai voulu plusieurs fois refuser. Mais finalement – avec une grande difficulté – je m'y suis contraint ».

Les musiciens et les interprètes l'accueillirent avec enthousiasme et la première représentation se passa très bien. Ensuite, il dirigea aussi *L'Ensorceleuse*. Des critiques comme César Cui, louèrent son talent de chef d'orchestre. Tchaïkovski s'était au moins débarrassé de cette névrose-là.

UNE NOUVELLE CARRIÈRE

Tchaïkovski a dit que le jour où il reprit la baguette était le plus important de sa vie. En effet, il entreprit une nouvelle carrière, lucrative, de chef d'orchestre. Déjà compositeur célèbre dans le monde entier, il devint une des grandes figures de la scène musicale internationale. Peu de musiciens ayant le même âge (47 ans) furent autant applaudis que lui.

La stature internationale de Tchaïkovski procédait, bien entendu, de la popularité de sa musique. Mais comme il en est de tous les grands artistes, il existait d'autres raisons, dont les moindres n'étaient pas politiques. En certains lieux, on voyait en lui un apôtre de la liberté. À cette époque, la société russe était comme une casserole d'eau sur le point de bouillir : le couvercle n'allait pas tenir encore longtemps. Il n'y avait pas grand chose dans la musique de Tchaïkovski qui pût encourager des révolutionnaires, pourtant il apparaissait à certains – en Russie et au dehors – comme une manifestation des aspirations du peuple russe. Il y avait, chez les artistes, peu de porte-parole de ces credo du XIXe siècle, le nationalisme et le libéralisme, plus prestigieux que Tchaïkovski.

Il reçut un accueil extraordinaire à Prague, notamment parce que les Tchèques voyaient en lui le chef de file de la culture slave, au

MARÉE HAUTE

Ci-contre : *Tolstoï, un des héros de Tchaïkovski, en 1887. Après leur rencontre, il envoya au compositeur des chants populaires russes pour qu'il en fasse des arrangements.*

Ci-dessous : *Ces hommes halant une barge sur la Volga présentent une image moins romantique que celle évoquée dans Le Chant des Bateliers de la Volga.*

MARÉE HAUTE

Ci-contre : *Gewandhaus de Leipzig (en 1845), où Tchaïkovski fit ses débuts de chef d'orchestre international en 1888.*

Ci-dessous : *L'ancienne salle de concert de Munich, édifiée par un commerçant, Karl Laeisz, où Tchaïkovski dirigea pendant sa seconde tournée, en 1888.*

moment où ils supportaient de moins en moins la domination autrichienne. À Berlin, on le considérait comme un musicien prometteur, mais pas assez proche de la culture allemande. Le président de la société philharmonique de Hambourg le plaignit d'être né dans un pays si arriéré que la Russie et lui suggéra de se fixer en Allemagne où il deviendrait bientôt un bon compositeur allemand. À Paris, en revanche, on déplorait les influences germaniques dans sa musique et l'enthousiasme pour ses œuvres était directement proportionnel à l'importance des influences françaises que les critiques parisiens croyaient y déceler.

En Angleterre et en Amérique, les jugements étaient davantage fondés sur des critères purement musicaux. Certains estimaient plutôt inélégants ses orchestrations hardies et son goût pour les percussions (il était en avance sur son temps à cet égard), mais dans l'ensemble, il était très populaire car on trouvait sa musique à la fois passionnante et un peu étrange, sans pourtant qu'elle s'éloignât trop de la tradition classique.

Tchaïkovski commença sa première tour-

Ci-dessus : *L'opéra royal de Berlin. Les critiques prussiens apprécièrent la musique de Tchaïkovski, mais la trouvèrent insuffisamment germanique.*

Ci-dessous : *Tchaïkovski et le pianiste Alexandre Ziloti (1863-1945), un des nombreux jeunes musiciens auxquels le compositeur s'attacha pendant ses dernières années. Ziloti lui conseilla certaines modifications pour la troisième version du premier concerto de piano (1889).*

MARÉE HAUTE

Ci-contre : Pendant ses tournées de chef d'orchestre, Tchaïkovski fit la connaissance de nombreux compositeurs et interprètes. Il rencontra Brahms le premier de l'an 1888 à Leipzig et l'aima beaucoup, quoique ses commentaires sur la musique du compositeur allemand fussent parfois peu aimables.

née de chef d'orchestre par l'Allemagne. À Leipzig, il fit la connaissance de Grieg et de Brahms, qu'il a décrit comme un gros petit homme au visage rouge, buvant trop. Il s'entendit bien avec l'un et l'autre quoiqu'il eût peu d'admiration pour la musique de Brahms, et réciproquement. Parmi les autres musiciens qu'il rencontra, il faut citer le jeune pianiste Alexandre Ziloti (1863-1945) auquel il s'attachera et qui deviendra l'un de ses ardents zélateurs. À Prague, il fit la connaissance de Dvoràk qu'il aima beaucoup (le grand compositeur tchèque s'était rendu particulièrement sympathique à Tchaïkovski en exprimant pour lui la plus vive admiration).

Après une traversée agitée de la Manche (il raconta qu'il avait été le seul passager à ne pas être malade), il fut un peu contrarié quand il constata que personne n'était venu l'accueillir à son débarquement en Angleterre, mais il fut rasséréné par l'enthousiasme du public de St-James Hall. Il y dirigea la *Sérénade* pour cordes et la troisième suite en

MARÉE HAUTE

sol (opus 55). Son seul regret fut que le concert n'eût pas comporté une œuvre plus substantielle.

Ce concert marqua le début d'une immense popularité qui ne s'est pas démentie depuis. Pourtant, Tchaïkovski ne fut jamais anglophile. Il dit un jour que Dickens et Thackeray étaient les seules personnes auxquelles il pouvait pardonner d'être anglaises. Sa brève visite à Londres par un mois de mars maussade ne fit rien pour le faire changer d'opinion.

Les Anglais ne durent pas le laisser totalement indifférent puisque sur le chemin du retour, il se rendit à une représentation du *Mikado* (ou *La Ville de Titipu*) de Gilbert et Sullivan. Il est vrai qu'à la fin du premier acte, son fauteuil était vide !

Tchaïkovski fut très soulagé de rentrer chez lui (« Tous les pays étrangers ne sont que fumée »), mais sa tournée avait été très réussie et, quoi qu'il en eût dit, il en avait tiré quelques satisfactions.

Ci-contre : *Grieg, qui se trouva aussi en 1888 à Leipzig. Tchaïkovski apprécia sans réserve sa musique.*

À gauche : *À Prague, la musique de Tchaïkovski fut le prétexte à des manifestations pro-russes, les Tchèques étant à l'époque favorablement disposés envers leurs frères slaves, en réaction à la domination autrichienne.*

Ci-dessus : *Dvořák, que Tchaïkovski rencontra à Prague en 1888, lui fut aussitôt sympathique, en grande partie en raison de l'admiration que le compositeur tchèque lui témoigna.*

MARÉE HAUTE

VAGUE DE CRÉATIVITÉ

Entre-temps, Alexis avait trouvé une nouvelle maison près de Klin et quand Tchaïkovski revint de sa tournée, en mai 1888, tout était prêt pour l'accueillir, mais il faisait froid. La vue était merveilleuse « et ce qui est encore plus agréable, le jardin donne directement sur la forêt où l'on peut se promener toute la journée. Il n'y a pas trace d'habitants de *datcha* ».

Encore éprouvé par sa tournée et ayant pris froid, Tchaïkovski se sentait abattu, mais il avait déjà annoncé son intention de composer une symphonie pendant l'été. « Combien je me sens fatigué, dit-il à Modeste, et combien je désire travailler, seulement travailler, et seule la conviction que je fais quelque chose de positif peut m'apporter la paix et la santé ». En cinq semaines exactement, et malgré plusieurs jours passés à Moscou, il composa sa cinquième symphonie, sans l'orchestration, ainsi que la fantaisie-ouverture *Hamlet* (beaucoup moins réussie que *Roméo et Juliette*).

La cinquième symphonie est l'œuvre favorite de ceux qui trouvent la sixième trop sévère. Elle marque un grand progrès sur la quatrième, par exemple par la manière dont le premier thème réapparaît dans tout l'ouvrage. Il est clair que Tchaïkovski avait bénéficié de l'expérience du poème symphonique *Manfred*. Certains critiques ont émis des doutes sur la qualité du finale, probablement parce qu'ils n'ont pas compris les intentions du compositeur. Ce fut le cas, à l'époque, de César Cui, pour lequel il n'avait ni queue ni tête.

À l'automne, Tchaïkovski se préparait pour une nouvelle tournée internationale. Cette perspective le déprimait un peu, mais les applaudissements et l'argent qu'elle devait lui rapporter étaient une ample compensation. Les décès de son vieil ami Hubert et de sa nièce Véra (la femme de Rimski-Korsakov) l'assombrirent encore davantage et seuls le travail préliminaire sur un nouveau ballet, *La Belle au bois dormant*, et la compagnie de son « divin » neveu Bob lors d'un voyage à Saint-Pétersbourg le rassérénèrent quelque peu. À Berlin, en février, il vit beaucoup son ancienne « amoureuse », Désirée Artôt, ce qui le réconforta un peu plus. Il avait toujours admiré le talent de cette chanteuse, même après qu'elle eût (selon lui) beaucoup grossi et perdu sa voix. Son escale

Ci-contre : *Nicolaï Hubert (1840-1888), ancien condisciple et ami de Tchaïkovski, succéda à Nicolaï Rubinstein à la tête du conservatoire de Moscou.*

MARÉE HAUTE

Ci-dessus :
*Tchaïkovski et
« Bob » Davidov
vers 1890.*

MARÉE HAUTE

à Paris fut illuminée par la présence du dernier jeune pianiste qui l'eût attiré, Vassili Sapelnikov (1868-1941). À Hambourg, Brahms prolongea son séjour pour entendre Tchaïkovski diriger sa cinquième symphonie (il dit qu'il l'aimait, sauf le dernier mouvement ; le compositeur fut d'accord avec lui). À Londres, Sapelnikov joua le premier concerto de piano, Tchaïkovski étant au pupitre. Ils furent très applaudis.

Tchaïkovski rentra par Constantinople et Tiflis (Tbilissi), où vivait Anatole. Il se rendit ensuite à Moscou et à Saint-Pétersbourg pour discuter de la mise en scène de *La Belle au bois dormant*.

La création – somptueuse – de ce célèbre ballet eut lieu en janvier 1890 à Saint-Pétersbourg. Le tsar, qui avait assisté à la générale,

le trouva « très charmant ». Tchaïkovski trouva cette réaction extrêmement froide. Les critiques ne furent pas favorables non plus. Ils avaient l'habitude de ballets dont la musique – médiocre – n'avait d'autre rôle que de permettre aux étoiles de faire étalage de leur technique. Il a fallu que Diaghilev et Stravinski s'en occupassent, près de vingt ans après la mort de Tchaïkovski pour que la véritable valeur de *La Belle au bois dormant* soit reconnue.

Ensuite, Tchaïkovski partit de nouveau à l'étranger dans l'intention de composer un opéra. Il ne savait pas où il voulait aller et il ne se décida pour Florence qu'en cours de route.

En revanche, il savait quel serait cet opéra – *La Dame de pique*, d'après Pouchkine, sur

MARÉE HAUTE

***Ci-contre** : Représentation de* La Belle au bois dormant, *par le Royal Ballet, à Londres en 1986.*

***Ci-contre** : Décor de* La Belle au bois dormant *au théâtre Maryinski de Saint-Pétersbourg, en janvier 1890. Le tsar trouva ce ballet « très charmant », ce qui refroidit l'enthousiasme de Tchaïkovski.*

MARÉE HAUTE

un livret de son frère Modeste. Tchaïkovski avait ce projet en tête depuis un certain temps déjà. Ce qui le décida à aller de l'avant fut l'enthousiasme manifesté par les directeurs des théâtres impériaux quand il leur en parla pendant les répétitions de *La Belle au bois dormant*.

Comme souvent lorsqu'il se trouvait dans un pays étranger, Tchaïkovski souffrit de la solitude, se sentit déprimé et même, parfois, las de vivre. Même Florence, « ennuyeuse et dégoûtante » ne trouva pas grâce à ses yeux. Mais il travailla comme un forcené. L'histoire lui plaisait et il s'identifia facilement avec le héros et l'héroïne engagés dans une bataille contre le destin, perdue d'avance. Il était tellement immergé dans le drame qu'il fut saisi d'épouvante en abordant la scène dans laquelle la comtesse meurt de peur.

Tchaïkovski, décidé à achever son opéra pour le printemps, afin qu'il pût être repré-

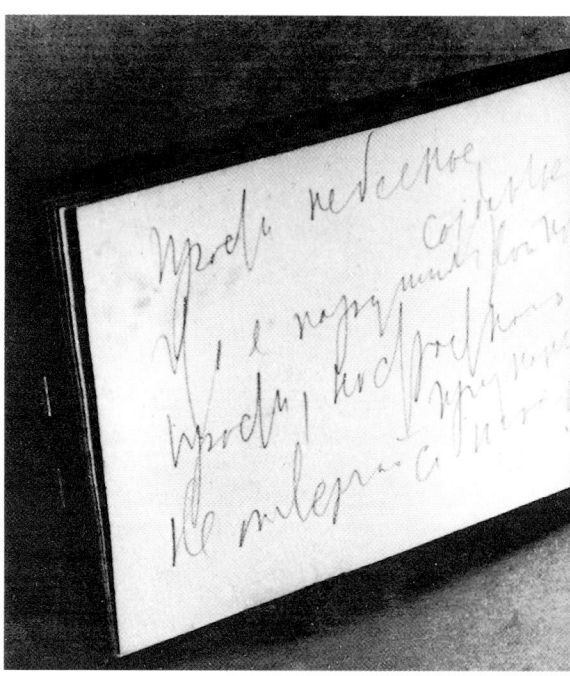

Ci-contre :
Fontanka n° 24 à Saint-Pétersbourg, où logeait Modeste Tchaïkovski.
Le compositeur y descendit souvent et y déjeuna un jour avec Anton Tchekhov.

MARÉE HAUTE

senté la saison suivante, travaillait si vite que Modeste ne réussit pas toujours à suivre. C'est la raison pour laquelle le livret doit beaucoup à Tchaïkovski lui-même.

FIN D'UNE ÉPOQUE

À l'automne 1890, Tchaïkovski séjournait une fois de plus à Tiflis, dans la famille d'Anatole, quand il reçut une lettre de Mme von Meck l'informant qu'un désastre financier la contraignait à supprimer la pension qu'elle lui servait depuis treize ans. Stupéfait et bouleversé, il lui répondit que l'argent ne comptait pas (bien qu'il se plaignit encore souvent d'en manquer, la pension de Mme von Meck ne lui était plus nécessaire) et lui dit combien la fin de sa lettre, « N'oubliez pas, et pensez parfois à moi », l'avait consterné. Comment aurait-il pu l'oublier ?

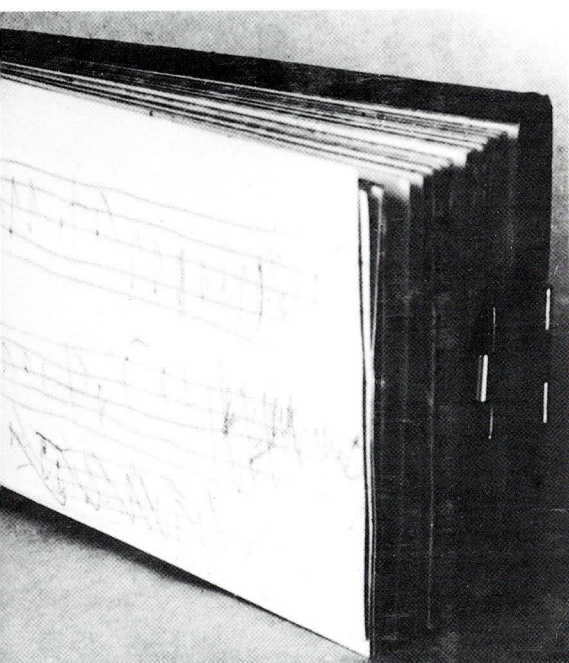

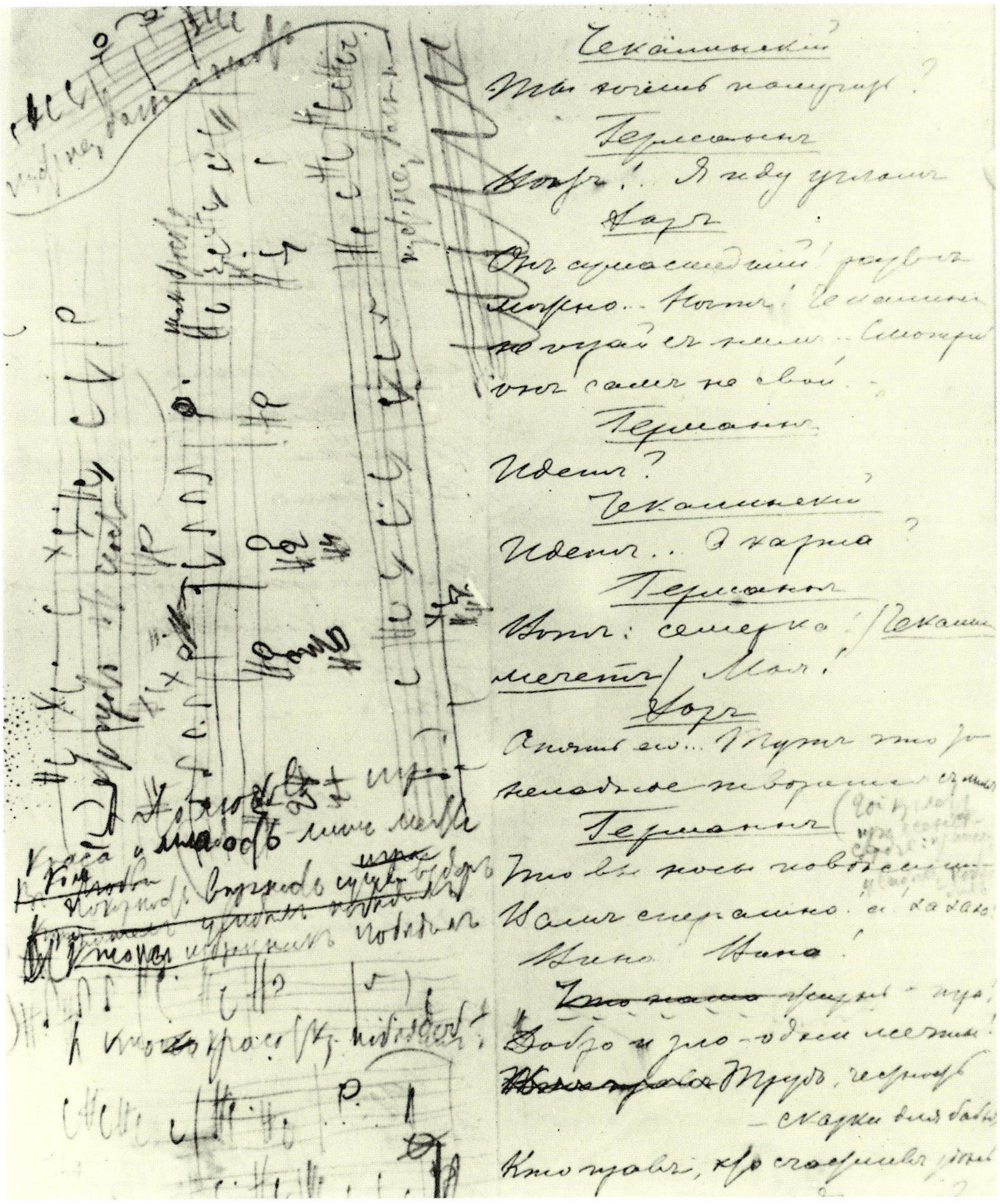

Ci-dessus :
Tchaïkovski portait habituellement un carnet comme celui-ci, dans lequel il notait ses idées musicales. La page reproduite ci-contre contient des commentaires sur La Dame de pique, *qui occupa ses pensées en 1889.*

MARÉE HAUTE

Son amitié et son appui étaient pour lui beaucoup plus importants que son argent.

Il ne tarda pas à découvrir que la raison invoquée pour supprimer son annuité n'était qu'un prétexte. De fait, elle voulait mettre fin à leurs relations et ne lui donna plus jamais signe de vie.

Pourquoi cette rupture ? Personne ne le sait, encore que de nombreuses raisons aient été avancées. Cette curieuse femme avait toujours été excentrique, c'est le moins que l'on puisse dire. Certaines de ses lettres révèlent une personne peu équilibrée et, à cette époque, sa santé physique et mentale se dégradait (elle ne survivra à Tchaïkovski que quelques semaines).

Bien que leur correspondance eût été moins volumineuse depuis quelques années, il fut profondément blessé. Il se sentait trahi, congédié comme un domestique et, ignorant l'état de santé de Mme von Meck (ou incapable d'en comprendre la nature), il ne put surmonter sa déception. Les relations entre les deux familles restèrent amicales mais, si l'on en croit Modeste, Tchaïkovski, sur son lit de mort, couvrit encore Mme von Meck de reproches.

Une conséquence immédiate de cette rupture fut un ralentissement temporaire de l'activité créative de Tchaïkovski. De Kiev, où il se trouvait pour une représentation (très réussie) de *La Dame de pique*, il écrivit à Modeste en janvier 1891 : « Ma tête est vide et je n'ai aucune envie de travailler ». Il envisagea d'annuler la tournée internationale prévue, puis décida de la maintenir, car elle comprenait les États-Unis qu'il rêvait depuis longtemps de visiter. Une fois sa décision prise, il se mit au travail avec son acharnement habituel. Ayant accepté des commandes pour un nouvel opéra, *Yolanta*, et un nouveau ballet, *Casse-noisette*, il était décidé à en avancer le plus possible la composition avant son départ. Il travaillait encore sur le

Ci-contre :
Représentation de La Dame de pique *à l'opéra Kirov, 1987.*

MARÉE HAUTE

Ci-contre : *Les frères Tchaïkovski vers 1890. De gauche à droite : Anatole, Nicolas, Hippolyte, le compositeur, Modeste.*

MARÉE HAUTE

ballet dans le train qui l'emmenait à Berlin, sa première étape.

Tchaïkovski était en route pour le Havre quand sa sœur Sacha mourut. Personne ne sachant où le joindre, la nouvelle du décès fut adressée à Modeste, qui se trouvait à Paris. Il partit aussitôt rejoindre son frère, qui devait embarquer le lendemain, mais une fois sur place, décida de taire la nouvelle. Le départ ayant été retardé, Tchaïkovski revint pour deux jours à Paris, où il apprit la mort de sa sœur par les journaux. Il lui était difficile d'annuler son voyage au dernier moment et, aussi triste fût-elle, la disparition de Sacha, malade depuis un certain temps, n'était pas inattendue. Tchaïkovski, déprimé, s'embarqua donc comme prévu. Avant même que le transatlantique ne fût sorti de la Manche, un des passagers se suicida en se jetant par-dessus bord.

PEUR DU DÉCLIN

La tournée de Tchaïkovski en Amérique fut un triomphe. Comme presque tous les visiteurs européens, il fut grandement impressionné par New York et l'hospitalité des Américains (malgré leur nourriture généralement atroce).

Des six concerts auxquels il devait participer, le plus important fut le premier, donné pour l'inauguration du Carnegie Hall, dont la construction venait d'être achevée. La seule œuvre de Tchaïkovski inscrite au programme était la *Marche du Couronnement* de 1883, mais le seul fait d'être invité à prendre part à ce concert était un témoignage de sa stature internationale.

Tchaïkovski estima qu'il n'avait suscité nulle part ailleurs un enthousiasme aussi grand qu'en Amérique. Pourtant, en raison du manque de temps pour les répétitions, aucune de ses œuvres majeures ne fut donnée, à l'exception de l'éternellement populaire premier concerto de piano. Les critiques ne ménagèrent pas leurs compliments, mais il fut vexé quand le *New York Herald* le décrivit comme un homme « allant sur la soixantaine », alors qu'il n'avait que cinquante ans. L'erreur du journaliste était compréhensible car Tchaïkovski avait prématurément vieilli. Sur les photographies de l'époque, il a effectivement l'air d'avoir soixante ans.

Lui-même en était conscient. De retour en Russie, il écrivit à son neveu adoré Bob, qui

Ci-contre : *Carnegie Hall (à l'époque Music Hall) à New York, où Tchaïkovski dirigea sa* Marche du Couronnement *lors du concert inaugural, en 1891.*

l'obsédait de plus en plus, « Le vieil homme se dégrade définitivement. Non seulement ses cheveux s'éclaircissent et deviennent blancs comme neige, non seulement ses dents tombent... non seulement sa vue baisse... non seulement ses jambes commencent à ralentir – mais le seul talent qu'il posssède commence à s'affaiblir et à disparaître ». Depuis toujours, il appréhendait le recul de son imagination créatrice et il avait la conviction que *Casse-noisette* n'était pas aussi bon que *La Belle au bois dormant* et que *Yolanta* manquait d'originalité. Il n'avait pas tout à fait tort. De nombreux critiques seraient d'accord avec Rimski-Korsakov pour lequel *Yolanta* était « une des compositions les plus faibles de Tchaïkovski ».

Il n'aimait pas non plus *Le Voïévode* (opus 78, sans rapport avec l'opéra portant le même titre). Si cette ballade-symphonie fut applaudie par le public de Moscou, en novembre 1891, les musiciens de l'orchestre ne

Ci-contre :
Photographie de Tchaïkovski dédicacée à Valérie, la femme de Félix Mackar, avec un fragment de l'andante cantabile du premier quatuor de 1871.

MARÉE HAUTE

l'aimèrent pas et des critiques bien intentionnés, comme Tanéiev, durent s'ingénier à faire preuve de tact. Tchaïkovski détruisit ensuite cette œuvre, mais le matériel d'orchestre survécut et la partition fut reconstituée après sa mort.

Il laissa l'œuvre suivante, une symphonie en mi bémol majeur, inachevée (il tira le concerto de piano opus 75 du premier mouvement) et Tanéiev ajouta un andante et un finale d'après les notes du compositeur, après la mort de celui-ci.

Sans enthousiasme, Tchaïkovski partit, à la fin de 1891, pour une nouvelle tournée en Pologne, en Allemagne, en Hollande et en Bohême. À Hambourg, il devait diriger *Eugène Onéguine* mais, s'apercevant lors des répétitions que son allemand était insuffisant, il céda le pupitre au chef permanent, qu'il ne connaissait pas auparavant et qui n'était autre que Gustav Mahler (1860-1911). Tchaïkovski fut enchanté de la direction de Mahler et le fit savoir.

Après Hambourg, il devait diriger un concert en Hollande, deux semaines plus tard. Il profita de ces instants de liberté pour séjourner à Paris. Ayant le mal du pays et surtout désireux de retrouver Bob au plus vite, il annula son engagement et rentra directement en Russie où Alexis était en train de déménager dans une autre maison proche de Klin, qui deviendra le musée Tchaïkovski.

Le surmenage dû à son travail sur la symphonie en mi bémol majeur provoqua

Ci-contre : *Le musée Tchaïkovski à Klin et, à droite, la pièce où Tchaïkovski travaillait, reconstituée comme à l'époque, après les dégâts causés par l'invasion allemande de 1941.*

MARÉE HAUTE

MARÉE HAUTE

une dépression nerveuse et son médecin lui conseilla de passer trois semaines à Vichy, qui lui avait profondément déplu seize ans plus tôt. Bien qu'accompagné de Bob, Tchaïkovski ne trouva pas la ville d'eau plus attrayante. « Les sept premiers jours, écrivit-il à Modeste, ont été pour moi comme sept mois. » Pourtant, lui et Bob y restèrent les trois semaines prescrites.

En septembre, il était à Vienne : « Au nom du ciel, pourquoi est-ce que j'accepte ces invitations à l'étranger... quel ennui et quelle torture. » La salle de concert où il était censé diriger s'avéra être « un immense restaurant à l'air vicié, rempli d'odeurs de friture bon marché et d'autres relents de cuisine ». Il exigea que les tables fussent enlevées, ce qui fut fait, mais toujours pas satisfait, il renonça à diriger et alla se réfugier dans le château retiré de son amie, la pianiste Sophie Menter.

Musicalement, Tchaïkovski paraissait avoir touché le fond. En décembre, la création conjointe de *Casse-noisette* et de *Yolanta* se solda par un échec relatif et, à Berlin où il s'était enfui après la première représentation, il arriva à la conclusion que la symphonie en mi bémol majeur, à laquelle il avait travaillé la plus grande partie de l'automne, ne valait

Ci-contre : *Varvara Nikitina et Pavel Gerat lors de la création de* Casse-noisette *(en même temps que l'opéra* Yolanta*), au théâtre Maryinski de Saint-Pétersbourg, en décembre 1892.*

MARÉE HAUTE

Ci-contre : Vichy dans les années 1890. Malgré la présence de « Bob » Davidov, Tchaïkovski n'apprécia pas le séjour qu'il y fit en 1892.

rien. Plus que jamais convaincu qu'il était fini, il dit à Modeste qu'il allait encore composer quelques mélodies et quelques pièces pour piano pour faire de l'argent, puis un dernier opéra et une dernière symphonie qui mettraient un terme à sa carrière.

Pendant un certain temps, il sembla que les craintes de Tchaïkovski fussent justifiées, mais il eut l'idée d'une autre symphonie qui, à la fin de février 1893, occupait entièrement son esprit. La composition de cette œuvre dissipa ses craintes et il la décrivit bientôt dans ses lettres comme son plus grand chef-d'œuvre. Il avait déjà dit cela de plusieurs œuvres antérieures, pour changer d'avis peu après, mais cette fois il avait raison.

GÉNIE COMBLÉ

Cette nouvelle symphonie, « qui aura cette fois un programme, mais un programme qui sera une énigm pour chacun », dit-il dans une lettre et il ajouta : « vous ne pouvez imaginer ma joie maintenant que je suis convaincu de ne pas être fini et encore capable de travailler ».

Bien qu'interrompue par des concerts à Moscou et à Kharkov, il en avait fini l'esquisse à la fin de mars. Il composa la musique

alimentaire dont il avait parlé à Modeste avant d'aborder l'orchestration (il aima toujours ruminer ses orchestrations) et passa quelque temps en mai à Moscou où il assista à la création du premier opéra de Rachmaninov, alors âgé de dix-neuf ans.

À la fin du mois, il partit pour l'Angleterre. L'université de Cambridge l'avait nommé docteur *honoris causa*, de même que Grieg, Saint-Saëns et plusieurs autres compositeurs en renom. Il fit une escale à Londres pour diriger la quatrième symphonie, « un véritable triomphe », estima-t-il, mais la ville lui parut toujours sans attrait. En revanche, l'atmosphère médiévale de Cambridge lui plut.

Malheureusement, Grieg était trop souffrant pour faire le voyage, mais Tchaïkovski fut content de revoir Saint-Saëns avec lequel il s'entendait toujours bien. À Moscou, en 1875, ils avaient improvisé un ballet sur le thème de Pygmalion. Tchaïkovski avait joué le rôle de Pygmalion, Saint-Saëns celui de Galatée, tandis que Nicolaï Rubinstein, au piano, improvisait la musique – un événement auquel on aurait voulu avoir assisté.

Tchaïkovski, en dépit de ses crises d'extrême découragement et de désespoir, des conflits affectifs qui le déchiraient, de son aversion névrotique pour le monde, était parfaitement capable de s'amuser de bon cœur, comme une grande partie de sa musique le prouve. Son horreur des obligations mondaines ne s'étendait pas aux réunions entre amis, qui duraient souvent jusqu'à l'aube et qui étaient l'occasion de copieuses et redoutables libations. Tchaïkovski était de ceux qui sont capable de manger et de boire sans retenue et de se réveiller frais et dispos le lendemain. Sa dépense anormale d'énergie nerveuse et peut-être aussi son habitude de

Ci-contre :
Tchaïkovski revêtu de la toge académique s'apprête à être nommé docteur honoris causa de l'université de Cambridge, en 1893.

longues promenades quotidiennes expliquent sans doute pourquoi il n'a jamais pris d'embonpoint.

Vers la fin de juillet, il était de retour à Klin. Bien qu'il aimât son refuge à la campagne, il se plaignait parfois de s'ennuyer le soir. Mais son travail passait avant tout et, quoiqu'il fût capable de composer n'importe où, dans un environnement loin d'être idéal, il travaillait mieux seul à Klin que partout ailleurs.

À cette époque, son sentiment d'abandon était exacerbé par son désir ardent pour Bob Davidov. Dans ses lettres au jeune homme, il le suppliait souvent de lui répondre. Ayant passé quelques jours en compagnie de Bob chez Modeste à son retour d'Angleterre, il souffrait d'autant plus que son neveu adoré le négligeât. Pourquoi Bob ne s'intéresse que si peu à moi ? se demandait-il. Il hésita à lui dédier la sixième symphonie comme il en avait eu l'intention, mais il finira pas la lui dédier tout de même.

Il trouva l'orchestration difficile à mener à bien et elle lui demanda plus de temps que de coutume (un temps très court pour tout autre compositeur que Tchaïkovski, qui orchestrait à une vitesse surhumaine). Il lui arriva de passer un jour entier sur une seule page. Bien qu'elle fût lente à ses yeux, il était satisfait de la mise en forme de la symphonie. « Je l'aime comme je n'ai jamais aimé aucune de mes créations musicales », et il déclara que sa lenteur ne venait pas d'un déclin de ses facultés créatrices, mais du soin qu'il apportait à cette œuvre. De fait, l'orchestration fut achevée en un peu plus de trois semaines.

Qu'il soit significatif ou non, il faut mentionner le fait qu'au même moment, Tchaïkovski refusa une commande du grand duc Constantin pour un requiem en alléguant que sa symphonie, notamment le finale,

Ci-contre : *Le jardin et la maison de Tchaïkovski à Klin.*

était « imprégnée d'une même atmosphère ».

En septembre, il se rendit à Hambourg pour la production de *Yolanta*, qui était très populaire à l'époque. Cet opéra n'est que rarement représenté aujourd'hui. Après des visites à des membres de sa famille, il retourna à Klin, où il acheva le troisième concerto pour piano en un mouvement (opus 75), tiré de la symphonie en mi bémol majeur inachevée. En octobre, il se rendit à Saint-Pétersbourg pour les répétitions de la sixième symphonie.

L'attitude plutôt froide de l'orchestre peina Tchaïkovski, mais n'entama pas sa confiance en son œuvre. Il pensa que sa direction était en cause. Les opinions sur son talent de chef d'orchestre étaient mitigées ; il n'était certainement pas Mahler, mais un juge aussi avisé que Rimski-Korsakov le trouvait excellent au pupitre. La symphonie fut reçue sinon avec enthousiasme, du moins favorablement, et Tchaïkovski avait trop l'expérience du public de Saint-Pétersbourg pour s'être attendu à un déchaînement d'applaudissements.

Tchaïkovski était descendu chez Modeste. Le lendemain du concert, au petit déjeuner, il cherchait encore un titre pour sa symphonie, intitulée provisoirement « symphonie à programme », qu'il devait envoyer le jour même à Jurgenson, son éditeur. Modeste suggéra « tragique », ce qui correspondait parfaitement à l'œuvre, mais son frère n'aima pas cette idée. Modeste quitta la pièce un instant et soudain, le mot « pathétique »

Ci-dessous : *Tombe de Tchaïkovski au monastère Alexandre Nevski à Léningrad. Celles de Glinka, Borodine et Moussorgsky sont proches.*

Ci-dessus : *Bureau de Tchaïkovski dans le musée de Klin.*

s'imposa à son esprit. Selon lui, Tchaïkovski l'adopta aussitôt et envoya la partition à Jurgenson avec ce titre. Pourtant, changeant d'avis le lendemain, il voulut qu'elle ne portât que son numéro d'ordre – mais elle est restée la symphonie « pathétique ».

Il fit part à Jurgenson de son intention de lui rendre visite à Moscou quelques jours plus tard. Malheureusement il ne devait revoir ni Moscou ni Jurgenson. Deux jours après, il tomba gravement malade et mourut le 6 novembre 1893.

UN DERNIER MYSTÈRE

On crut d'abord que la maladie fatale de Tchaïkovski était la conséquence d'une soirée prolongée, la veille, en compagnie d'amis. À midi, il refusa de manger, se contentant d'un verre d'eau. On raconta ensuite qu'il avait bu l'eau du robinet sans prendre la précaution élémentaire de la faire bouillir préalablement, bien qu'il eût été informé du grand danger auquel on s'exposait en buvant l'eau courante de Saint-Pétersbourg. Il aurait ainsi attrapé le choléra, maladie qui devait l'emporter en quelques jours.

D'emblée, il y eut des doutes sur la véracité de ces récits. De nombreuses personnes crurent que Tchaïkovski avait mis fin à ses jours en se tirant un coup de feu ou autrement. On évoqua aussi la possibilité d'un chantage. Certains incidents en rapport avec sa mort nourrirent ces rumeurs : les précautions habituelles en cas d'un décès par le choléra pour éviter sa transmission n'avaient pas été prises ; la maladie du compositeur n'avait pas été mentionnée dans les journaux ; presque personne ne l'avait vu pendant les quatre derniers jours de sa vie.

Néanmoins, en l'absence de preuve, on finit par admettre que Tchaïkovski était effectivement mort du choléra, qu'il eût ou non provoqué sa mort en buvant délibérément de l'eau non bouillie.

Les spéculations reprirent en 1978 quand Alexandra Orlova, qui avait travaillé au musée Tchaïkovski, émigra à l'Ouest avec un exemplaire d'un livre de lettres de Tchaïkovski édité en 1940, mais jamais diffusé, car il révélait certains aspects de la personnalité du compositeur que les autorités soviétiques tenaient à cacher (y compris des preuves de ses puissantes pulsions homosexuelles). Elle

MARÉE HAUTE

rapporta aussi une nouvelle version des circonstances de sa mort.

Selon cette version, un membre de la noblesse se serait plaint au tsar que Tchaïkovski eût séduit son neveu. Le fonctionnaire impérial chargé de cette affaire, qui avait fait, comme Tchaïkovski, ses études à l'École de droit de Saint-Pétersbourg, craignait que le scandale imminent n'éclaboussât la réputation de l'École. Il organisa donc une audience judiciaire informelle à laquelle furent invités des anciens élèves en renom, dont Tchaïkovski lui-même et un avocat nommé Vladimir Gérard qui aurait été un des premiers amours de Tchaïkovski. À l'issue de leurs délibérations, Tchaïkovski aurait accepté de se suicider, ce qu'il aurait fait en absorbant (probablement) de l'arsenic.

Cette nouvelle version semble à la fois inutile et invraisemblable – aussi invraisemblable que l'argument des opéras de Tchaïkovski –, mais elle est généralement tenue pour véridique. On ne voit pas qui aurait eu intérêt à l'inventer ; de plus elle vient de deux sources apparemment indépendantes l'une de l'autre – la veuve du fonctionnaire impérial s'étant occupée de l'affaire et un membre de la famille Davidov (un jeune frère de Bob).

En revanche, il semble vraisemblable que la crainte de ternir la réputation de l'École de droit ne fût pas la raison principale du suicide éventuel de Tchaïkovski, mais il est vrai qu'il avait tenté sa vie durant d'empêcher son homosexualité d'être connue de tous. Peut-être avait-il aussi pensé qu'ayant composé son « requiem », il était temps pour lui de quitter ce monde dans lequel il ne s'était jamais senti parfaitement à l'aise.

Un concert à sa mémoire eut lieu douze jours après sa disparition. La sixième symphonie fut dirigée par Édouard Franzévitch Nápravník (1839-1915), compositeur et chef d'orchestre d'origine tchèque, chef titulaire de l'orchestre de l'opéra de Saint-Pétersbourg. Nápravník, partisan de longue date de

Ci-dessous :
Photographie d'Édouard Nápravník (1839-1915) dédicacée à Ludmilla Chestakova, sœur de Glinka. Parmi ses œuvres, il existe un opéra sur un sujet également utilisé par Tchaïkovski, Francesca da Rimini.

Ci-desssus :
Monument en l'honneur de Tchaïkovski dressé devant le conservatoire de Moscou.

Tchaïkovski, était probablement le meilleur chef de Russie à l'époque.

Le succès de la sixième symphonie ne fut pas limité à la Russie. Peu d'œuvres ont eu un effet aussi immédiat et aussi percutant sur la conscience musicale internationale. Rares sont les compositeurs qui eurent autant de succès et furent aussi célèbres de leur vivant que Tchaïkovski dans ses dernières années, mais sa popularité crût encore après sa mort et elle n'a jamais sérieusement décliné depuis.

Tchaïkovski légua la plupart de ses biens à Alexis Sofronov, qui fut ainsi en mesure d'acheter la maison de Klin et qui la remplit de souvenirs du compositeur. Quatre ans plus tard, il la revendit à « Bob » Davidov et Modeste Tchaïkovski. L'un et l'autre y moururent : Bob s'y suicida en 1906 (à 35 ans) ; Modeste fut enlevé par un cancer dix ans plus tard. Un autre frère, Hippolyte (1843-1927), qui avait passé la majorité de sa vie active dans la marine russe, y vécut plus tard et y joua le rôle de conservateur.

Ci-dessus : Pendule sur la cheminée de la pièce où Tchaïkovski composait.
À sa droite, le portrait encadré d'Alexandra Davidov.

Ci-contre : Partition sur la table de la chambre à coucher de Tchaïkovski.

ЩЕЛКУНЧИКЪ

Балетъ-Феэрія

въ 2-хъ дѣйствіяхъ.

музыка

П. ЧАЙКОВСКАГО.

Ор. 71.

Оркестровая Партитура	(полная)	150 Руб.
Увертюра Партитура		2 "
Голоса		2 "
Изданіе для Фортепіано	(С. ТАНѢЕВЪ).	5 "
" " " "	облегченное авторомъ	4 "

Собственность издателя.

Москва у П. Юргенсона.

С.-Петербургъ у I. Юргенсона. | Варшава у Г. Зенневальда.
Рига у В. Гольца и К°.
Парижъ у Ф. Макаръ и Ноёль. | Лейпцигъ у Д. Ратера.

LA MUSIQUE

L'éternelle popularité de Tchaïkovski dans le monde entier ; ses dons de mélodiste et sa maîtrise de l'orchestration ; ses plus grandes œuvres et quelques enregistrements de qualité récents

Il y a quelques années, une personne très patiente (ou peut-être un ordinateur) établit que le compositeur dont les œuvres étaient le plus souvent radiodiffusées en Grande-Bretagne était Tchaïkovski. Ce résultat ne créa pas la surprise. En effet, depuis sa mort, il y a près de cent ans, il aurait toujours été, dans ce pays, placé en tête, ou presque, de tout sondage sur le plus populaire des compositeurs.

La même question posée aux critiques musicaux sérieux aurait probablement reçu une réponse différente. Personne n'aurait sans doute placé Tchaïkovski en tête de liste et certains ne l'auraient même pas mentionné.

De tout temps en effet, Tchaïkovski a été davantage admiré – aimé – par le public que par les critiques. Ceux-ci laissent toujours planer le doute en laissant entendre que Tchaïkovski ne serait pas un compositeur « sérieux ». La plus grande partie de sa musique fait d'emblée et puissamment appel à la sensibilité. Mélodieuse et passionnée, elle frise dangereusement la sensiblerie et trahit souvent une certaine faiblesse de structure (moins pourtant que ne l'ont cru quelques critiques n'ayant pas bien compris les intentions de Tchaïkovski).

Les plus grands dons du Tchaïkovski compositeur furent son imagination mélodique prodigieusement fertile, associée à une orchestration brillante, et sa capacité à traduire musicalement ses propres émotions passionnées. La caractéristique peut-être la plus frappante de son œuvre est son étonnante variété. Il était capable de s'exprimer par le truchement de nombreux langages musicaux, y compris, surtout de ses dernières symphonies, un langage très personnel. Considéré souvent comme le compositeur le plus profondément romantique de *la dernière période du romantisme*, il pouvait reproduire avec une égale facilité l'élégance classique du XVIIIe siècle et les rythmes dynamiques des chants populaires russes. Bien que la qualité de sa production fût irrégulière, il toucha à presque tous les genres musicaux de l'époque, du grand opéra à la mélodie la plus simple, et apporta à chacun d'eux une étonnante variété de formes d'expression.

Tchaïkovski est largement reconnu comme le plus grand génie musical russe du XIXe siècle. Néanmoins, il ne fut pas le plus « russe ». Il reçut une formation académique au conservatoire de Saint-Pétersbourg, où il s'imprégna de la tradition et des techniques

*Page précédente :
Page de titre du ballet* Casse-noisette, *publié par Jurgenson.*

77

LA MUSIQUE

musicales « occidentales ». C'est cela qui le sépara de Balakirev et de l'école « nationaliste » qui dominait l'extraordinaire explosion du génie musical russe dont il fut lui-même un représentant éminent. Pourtant, Tchaïkovski fut profondément nationaliste, à l'égal de Balakirev, Borodine ou Rimski-Korsakov. Ses racines plongeaient profondément dans la culture russe et, comme les compositeurs nationalistes, il s'inspira fréquemment des chants populaires russes.

Étant donné que sa musique a peu de « secrets » et qu'elle exprime ses émotions de manière forte et directe, les critiques ont souvent accusé Tchaïkovski d'être superficiel ou de manquer de profondeur et cette opinion a été encouragée par le pillage sur grande échelle de ses œuvres par des compositeurs de pop musique, des producteurs de publicité télévisée et *autres brigands*. Même quand sa musique est le plus passionnément débridée (« hystérique » disent certains), elle révèle un professionnalisme sans faille. À ce propos, il ne faut jamais oublier que Mozart était le musicien pour lequel Tchaïkovski avait le plus de respect. Bien qu'il ait composé une centaine de pièces pour piano, autant de mélodies et de nombreuses autres pièces courtes, la musique d'orchestre compte pour une grande partie de ses compositions. Tchaïkovski a été le véritable intiateur de la « couleur » orchestrale. Peu de compositeurs ont montré une telle habileté à tirer le meilleur parti possible de leur connaissance

Ci-contre : Fête de Pâques dans un village russe. Tchaïkovski composa et arrangea un grand nombre de chansons et sa musique fut au moins aussi populaire dans le peuple russe qu'elle le fut, dans toute l'Europe, auprès des habitués des salles de concert et des opéras.

LA MUSIQUE

de chaque instrument. En vérité, il semble que la couleur orchestrale a été parfois pour lui plus importante que la structure de la musique.

C'est avec beaucoup d'enthousiasme que Mahler remplaça Tchaïkovski au pupitre pour la première à Hambourg d'*Eugène Onéguine*. Il fut probablement impressionné par la sixième symphonie, car sa propre troisième symphonie, commencée moins de deux ans après, se conclut aussi par un *adagio* inhabituel. Son utilisation symphonique des chants populaires doit aussi quelque chose à l'influence de Tchaïkovski. Bien que la musique de Mahler ne ressemble pas à celle de Tchaïkovski, les deux compositeurs avaient en commun de se sentir rejetés par la société (Mahler parce qu'il était juif) et d'être malheureux en amour. L'un et l'autre, dans leurs dernières œuvres, portent un même regard tragique sur l'existence humaine.

Un finale résigné ou désespéré, comme celui de Tchaïkovski dans la *Pathétique* ou de Mahler dans la neuvième symphonie, notamment, ainsi que leur propension à recourir à des contrastes soudains et dérangeants, devinrent presque de bon ton après 1893. De tels procédés se retrouvent dans des œuvres de Berg, dont la musique, pourtant entièrement différente, partage avec celle de Tchaïkovski un puissant contenu émotionnel.

L'influence d'*Eugène Onéguine* sur Gustav Mahler peut être comparée à celle de *La Dame de pique* sur Giacomo Puccini (1858-1924), qui eut recours aux mêmes

À gauche : Mozart, très admiré par Tchaïkovski qui se familiarisa avec sa musique quand il était encore un enfant, grâce à un orchestrion (espèce d'orgue mécanique). Tchaïkovski avait pour Mozart « *une adoration passionnée* ».

Ci-contre : *Gustav Mahler (1860-1911), qui fut nommé chef permanent de l'orchestre de l'opéra de Hambourg en 1891 et dirigea* Eugène Onéguine *au pied levé. Toutefois, c'est à la tête de l'opéra impérial de Vienne qu'il acquit, plus tard, la célébrité.*

LA MUSIQUE

procédés que Tchaïkovski pour porter, dans ses opéras, l'intensité émotionnelle à son paroxysme.

Les critiques ont aussi relevé certaines similitudes entre Tchaïkovski et Sibelius, bien que l'émotion du compositeur finnois ne s'exprime généralement pas avec autant de chaleur. En particulier, certaines caractéristiques de la ballade symphonique *Le Voïévode* (que nous n'aurions pas dû connaître) font davantage penser à Sibelius qu'à Tchaïkovski. Dans la première symphonie de Sibelius – à son époque, la Finlande faisait partie de la Russie –, Tchaïkovski est clairement à l'origine des éléments de romantisme slave qu'elle contient.

Une partie de la musique de Tchaïkovski a été revue par Stravinski auquel on doit en grande partie la version de *La Belle au bois dormant* qui nous est familière. Il a dit que son travail sur le ballet lui avait procuré « un plaisir intense ». Stravinski fut l'élève de Rimski-Korsakov, mais il était plus disposé à reconnaître l'influence de Tchaïkovski que celle de son maître et il a joué un rôle important dans le rétablissement de la réputation musicale du premier, qui était tombée bien bas au début du XXe siècle.

Cependant, le compositeur qui est le plus près d'être considéré comme le successeur de Tchaïkovski est probablement Rachmaninov (1873-1943) qui, comme Tchaïkovski, composa des opéras musicalement remarquables sur des livrets médiocres, ce qui explique leur insuccès. On ne peut parler d'une influence directe, mais l'on peut dire que Rachmaninov fut le dernier du groupe des grands compositeurs russes du XIXe siècle dont les œuvres se caractérisent par des thèmes très mélodieux, une orchestration colorée et une atmosphère de tristesse ou de résignation devant le destin, groupe parmi lequel Tchaïkovski fut le plus grand génie.

OPÉRAS

On doit à Tchaïkovski dix opéras, ce qui est suffisant pour contredire l'opinion générale qu'il fut avant tout un compositeur de musique orchestrale/instrumentale. Au contraire, malgré des déboires, il continua à composer des opéras toute sa vie.

Si on les compare avec ses œuvres appartenant à d'autres genres musicaux, il est vrai que ses opéras n'eurent pas beaucoup de succès. Deux seulement, *Eugène Onéguine* et *La Dame de pique*, figurent encore dans le répertoire international. Pourtant une partie de la musique des opéras moins connus de Tchaïkovski, qui ne sont donnés que relativement rarement, est splendide. Leur faiblesse réside dans le livret. De plus, à quelques exceptions évidentes mises à part, les opéras d'un compositeur sont les œuvres que l'on donne le moins souvent, ne serait-ce que pour des considérations économiques : il est beaucoup plus coûteux de produire un opéra que de jouer une symphonie.

Eugène Onéguine est tiré du roman en vers de Pouchkine. L'idée de cet opéra mit un certain temps à s'imposer à l'imagination de Tchaïkovski ; il était inquiet à la perspective de s'attaquer à un chef-d'œuvre de la littérature russe et conscient du fait qu'il offrait peu

LA MUSIQUE

d'occasions d'action dramatique. Il aurait voulu intituler son œuvre « scènes lyriques » plutôt qu'« opéra ».

On trouve dans la plupart des opéras de Tchaïkovski une scène qui en est la cheville ouvrière et qu'il composait en premier. Dans *Eugène Onéguine*, c'est la deuxième scène du premier acte, dans laquelle l'héroïne, Tatiana – dont Tchaïkovski décrit les émotions avec une sensibilité merveilleuse –, écrit une lettre d'amour à Eugène Onéguine, un jeune homme de la bourgeoisie riche dont elle est tombée amoureuse la première fois qu'elle l'a rencontré, par l'intermédiaire de Lenski, un ami d'Onéguine.

Celui-ci accueille froidement la déclaration de Tatiana, lui explique qu'il ne peut l'épouser et lui conseille de mieux contrôler ses émotions. Plus tard, il fait la cour à la sœur de Tatiana, qui est fiancée à Lenski. Les deux hommes se querellent, Lenski provoque en duel Onéguine qui le tue.

Tatiana est emmenée à Moscou où on la marie au prince Gremlin, un honorable officier entre deux âges.

Deux ans plus tard à Saint-Pétersbourg, il retrouve par hasard Tatiana à un bal et se rend compte qu'après tout, il l'aime. Il lui envoie, à son tour, une lettre d'amour. Ne recevant pas de réponse, il se rend chez elle. Après lui avoir ordonné de sortir, elle admet qu'elle l'aime toujours, mais déclare que son

Ci-dessous : La scène du bal dans une récente production d'*Eugène Onéguine* par la troupe du Bolchoï.

LA MUSIQUE

devoir exige qu'elle reste fidèle à son époux. Onéguine, désespéré, s'enfuit.

Tchaïkovski, co-auteur du livret, a extrait tout le lyrisme du long poème de Pouchkine, mais il a écarté la satire de la société, éloignée de ses préoccupations et indésirable dans un opéra romantique.

Eugène Onéguine est le plus grand des opéras de Tchaïkovski, en partie en raison de ce manque relatif d'intensité dramatique dont le compositeur s'était inquiété. Le public occidental ne le trouve pas spécialement « russe », surtout s'il le compare au *Boris Godounov* de Moussorgsky ou même à *Vakoula le forgeron* dont on dit souvent qu'il marque la fin de la période de nationalisme exacerbé du compositeur. En revanche, le public russe sent qu'*Eugène Onéguine* est peut-être plus profondément russe que le nationalisme slavophile plus étroit de Moussorgski ou de Rimski-Korsakov. Stravinski répliqua à un de ses jeunes amis soutenant que l'on ne pouvait imaginer un opéra plus russe que *Boris* en affirmant que le plus russe de tous les opéras était *Eugène Onéguine*, non seulement parce que toute jeune femme russe a quelque chose de Tatiana, mais encore parce que l'atmosphère est totalement russe d'un bout à l'autre de l'œuvre. Prokofiev, d'accord avec lui, ajoutait que non seulement Tatiana, mais encore Olga, Onéguine, Lenski et le prince Gremlin étaient des personnages authentiquement russes.

Les plus remarquables enregistrements de toute la série des opéras de Tchaïkovski sont ceux de Lévine (opéra d'État de Dresde) ; Ermler (Théâtre du Bolchoï) ; Solti (Royal Opera).

La Dame de pique a aussi bénéficié du fait que Tchaïkovski s'identifiait étroitement à ses personnages, en l'occurrence surtout Hermann. Il a raconté qu'il avait fondu en larmes en composant la scène finale, tellement il éprouvait de la pitié pour lui. Que le rôle dût être tenu par un beau ténor qu'il admirait a sans doute facilité ce processus d'identification.

Ci-dessous :
Alexandre Pouchkine, auteur du roman en vers dont Tchaïkovski s'inspira, en en modifiant l'esprit, pour son opéra Eugène Onéguine.

LA MUSIQUE

La Dame de pique est aussi tirée d'une nouvelle de Pouchkine. Le livret est dû à Modeste Tchaïkovski, largement aidé par son frère.

Hermann est amoureux de Liza et elle de lui, bien qu'elle soit fiancée à un autre homme. La faiblesse de Hermann est sa passion du jeu et il découvre que la tutrice de Liza, la Comtesse, connaît le secret d'une série de trois cartes toujours gagnantes. Tard dans la nuit, il pénètre dans la chambre de la Comtesse et tente de lui arracher son secret. Elle en meurt – littéralement – de peur. Plus tard, le spectre de la Comtesse lui apparaît et lui dévoile la série gagnante : trois, sept, as.

Hermann et Liza se retrouvent au bord du canal qui fait face au Palais d'hiver, à Saint-Pétersbourg. La jeune femme découvre que l'amour du jeu est plus fort que son amour pour elle. Désespérée, elle se jette à l'eau et meurt.

Dans la scène finale, Hermann joue aux cartes dans une maison de jeu. Il gagne beaucoup grâce à la série trois, sept, as, mais à la troisième tentative, après avoir joué le trois et le sept, il découvre que la carte restante n'est pas l'as prévu, mais la dame de pique : la Comtesse s'est vengée. Hermann, qui a tout perdu, se poignarde et meurt à son tour.

Les opéras sont souvent mélodramatiques, mais ici, le mélodrame est poussé à l'extrême. Dans l'œuvre de Pouchkine, l'histoire se termine différemment : Hermann finit dans un asile d'aliénés et répète sans cesse « trois-sept-as, trois-sept-*dame* ! » tandis que Liza se range et épouse un fonctionnaire. Il est évident qu'une telle conclusion n'aurait pu convenir à Tchaïkovski.

La force de *La Dame de pique* réside dans le grand duo d'amour entre Hermann et Liza, avec quelques airs splendides, ainsi que dans la scène de la chambre de la Comtesse, qui est d'une puissance rare. L'intensité dramatique

Ci-contre : La Dame de pique *à l'opéra Kirov, en 1987.*

LA MUSIQUE

Ci-dessus : Tchaïkovski entouré de Nicolaï et Medea Gifner, créateurs des rôles de Hermann et de Liza dans La Dame de pique, *1890*.

est ici superbement soulignée par une des musiques de Tchaïkovski les plus contrastées.

La Dame de pique contient aussi certaines faiblesses qui aident à comprendre pourquoi l'œuvre lyrique de Tchaïkovski dans son ensemble n'a pas davantage de succès. Il recourt, par exemple, à des procédés théâtraux d'une banalité atterrante comme l'entrée de l'impératrice à la fin du deuxième acte, une scène superfétatoire insérée uniquement pour fournir un finale adéquat. On y trouve aussi des passages conventionnels, comme les interludes dans le style rococo du XVIIIe siècle, qui n'apportent strictement rien à l'action dramatique.

Ermler et l'opéra du Bolchoï ont enregistré récemment (en russe) l'opéra intégral. Il existe aussi une version du Bolchoï sous la direction de Khaikin.

LA MUSIQUE

ŒUVRES ORCHESTRALES

Les compositeurs réservent parfois leurs pensées musicales les plus intimes à leurs symphonies et ce fut certainement le cas de Tchaïkovski. Bien que sa carrière, comme la plupart des autres, eut ses hauts et ses bas et que ses grands succès (et ses grands échecs) fussent sporadiques, il est possible de constater dans ses symphonies une progression plus ou moins régulière, au fur et à mesure qu'il maîtrisait mieux sa technique et que sa capacité à exprimer ses émotions les plus profondes progressait parallèlement. C'est ainsi que sa dernière symphonie (la sixième) est généralement considérée comme la plus accomplie, alors que la cinquième occupe la deuxième place dans la faveur du public. Celles-ci figurent dans le répertoire habituel des salles de concert. En revanche, ses symphonies antérieures, notamment la troisième, sont beaucoup moins souvent entendues.

La genèse de la première symphonie (sol mineur) fut laborieuse – maladie du compositeur ; refus de l'œuvre par Anton Rubinstein et la Société de musique russe ; acceptation de deux mouvements après révision ; création de l'œuvre intégrale, encore révisée, assez bien accueillie – surtout l'*adagio*. Intitulée *Songes d'hiver*, elle présente quelques ressemblances avec l'ouverture *Les Hébrides* de Mendelssohn, mais elle doit, dans l'ensemble, davantage à Schumann.

Meilleurs enregistrements des premières symphonie de Tchaïkovski : Karajan (Orchestre philharmonique de Berlin) et Jansons (Orchestre philharmonique d'Oslo).

Entre la première et la deuxième symphonie, Tchaïkovski composa la fantaisie-ouverture *Roméo et Juliette*, souvent citée comme son premier vrai chef-d'œuvre. C'est une version révisée que l'on donne aujourd'hui.

Ci-dessous : *Édouard Nápravnik dirigeant la célèbre sixième symphonie dite « pathétique » de Tchaïkovski à la tête de l'orchestre de la Société de musique russe de Saint-Pétersbourg, le 18 novembre 1893, peu de temps après la mort du compositeur.*

LA MUSIQUE

Au cœur de cette œuvre, qui traduit crûment la passion brûlante des deux jeunes amants de Shakespeare et la tragédie qui s'ensuit (l'amour voué à l'échec était, comme de juste, un des sujets préférés de Tchaïkovski), se trouve une de ses plus belles mélodies, pour laquelle même Balakirev se déclarait désireux de l'embrasser.

Parmi les meilleurs enregistrements modernes de *Roméo et Juliette*, il faut citer ceux de Boult avec le Royal Philharmonic (HMV), microsillon et cassette uniquement ; Bernstein avec l'Orchestre philharmonique d'Israël (Deutsche Grammophon) ; Davis (Orchestre symphonique de Boston). La version originale de 1869 figure dans la sélection d'œuvres de Tchaïkovski enregistrée par Simon avec l'Orchestre symphonique de Londres (Chandos).

La deuxième symphonie en ut mineur est une des plus charmantes des œuvres orchestrales de Tchaïkovski et celle dont l'inspiration est la plus proche de Balakirev, Moussorgsky et l'école « nationaliste ». Le premier mouvement, notamment, doit beaucoup à Balakirev, le brillant finale à Glinka. L'œuvre entière est remarquable pour le parti original et constamment renouvelé que Tchaïkovski tire du folklore ukrainien.

Tchaïkovski dut sa célébrité internationale au premier concerto pour piano en si bémol mineur, joué dans tout le monde occidental par Hans von Bülow. C'est probablement encore la plus populaire de ses œuvres symphoniques et certainement la plus importante de ses œuvres pour instrument soliste et orchestre. Il y a là quelque chose de paradoxal car Tchaïkovski, qui n'a pas été très inspiré par le piano, a déclaré lui-même qu'il détestait l'association du piano avec l'orchestre. Aucun de ses deux autres concertos de piano, ni aucune de ses très nombreuses compositions pour piano seul ne compte parmi ses meilleures œuvres.

Personne ne sait pourquoi Tchaïkovski décida un jour de composer un concerto de piano. Dans cette œuvre, la relation entre le piano et l'orchestre est assez inhabituelle. Nicolaï Rubinstein l'accusa, injustement, d'avoir écrit un « duel » pour piano et orchestre. Néanmoins, il est vrai que nombre des plus beaux thèmes reviennent à l'orchestre et que le piano est traité, dans une certaine mesure, comme s'il était simplement un des instruments de l'orchestre.

Il est de bon ton pour les critiques de ne montrer que dédain pour ce concerto. La force et la franchise avec lesquelles Tchaïkovski s'y révèle les dérangent et ils sous-estiment grandement la technique de composition de l'œuvre, spécialement celle du premier mouvement.

Les enregistrements du premier concerto pour piano sont légion. Une interprète particulièrement louée par la critique est Martha Argerich, avec Dutoit et le Royal Philharmonic, ainsi qu'avec Kondrachin et le Royal Symphony. Autres interprétations prestigieuses : Gilels avec Metha et l'Orchestre philharmonique de New York ; Berman avec Karajan et l'Orchestre philharmonique de Berlin ; Rubinstein avec Leinsdorf et l'Orchestre symphonique de Boston.

La troisième symphonie en ré majeur, dite parfois « polonaise », bien qu'elle n'ait rien de polonais, est révélatrice du conflit entre l'inspiration lyrique de Tchaïkovski et son désir de se conformer à une forme « correcte » – qui reflète un conflit similaire dans sa vie privée. Le premier mouvement doit beaucoup à Schumann, peut-être pas le meilleur exemple pour un compositeur soucieux de mieux structurer ses œuvres.

L'inspirateur de la valse, si courante dans la musique de Tchaïkovski, est Glinka. C'est la symphonie qui est le moins souvent donnée en concert.

La quatrième symphonie en fa mineur est dédiée à Mme von Meck : « notre symphonie », disait-il à la dédicataire dans ses lettres. Exceptionnellement, Tchaïkovski esquissa un programme pour cette symphonie. Il annonça que le thème du début, celui du

LA MUSIQUE

Ci-contre : Hans von Bülow dirigeant à Hambourg, vers 1890.

destin, serait l'essence même de l'œuvre, mais il ne réussit pas à suivre ce plan : le thème en question réapparaît plutôt arbitrairement dans le finale, qui n'est pas considéré comme réussi. Le *scherzo*, en revanche, est du Tchaïkovski le plus brillant et la symphonie dans son ensemble marque un grand pas en avant, à la fois sur le plan technique et sur celui de l'expression des émotions habitant le compositeur.

Les enregistrements disponibles comprennent : Jansons avec l'Orchestre philharmonique d'Oslo (Chandos) ; Karajan avec l'Orchestre philharmonique de Vienne (Deutsche Grammophon) ; Maazel avec l'Orchestre de Cleveland (Telarc) ; Solti avec l'Orchestre symphonique de Chicago (Decca).

L'origine du concerto de violon en ré majeur, une œuvre très séduisante, fut l'affection de Tchaïkovski pour le jeune violoniste Iosif Kotek. Le compositeur en eut probablement l'idée en jouant avec son ancien élève la *Symphonie espagnole* de Lalo pour violon et orchestre. Il a dit de cette œuvre qu'elle possédait « beaucoup de fraîcheur, de légèreté, des rythmes mordants, de belles mélodies excellemment harmonisées... [Lalo]... ne recherche pas la profondeur, mais il prend soin d'éviter tout procédé routinier... et il pense davantage à la *beauté musicale* qu'au respect des traditions établies, comme le font les Allemands ». Ces remarques de Tchaïkovski pourraient servir à décrire son propre concerto de violon.

Il le composa très vite. Toutefois le mouvement lent central lui causa quelques difficultés : il en élimina complètement la version originale et la remplaça par une nouvelle. Cette œuvre exige beaucoup du soliste, ce qui pourrait expliquer pourquoi le célèbre violoniste Léopold Auer (1845-1930) s'arrangea pour n'en pas donner la première exécution (mais il le joua souvent par la suite). Son plan paraît simple à première vue, bien qu'il demande du violoniste des prouesses techniques. C'est un des plus beaux exemples du lyrisme de Tchaïkovski, avec des lignes mélodiques merveilleuses, surtout dans le mouvement lent.

Presque tous les grands violonistes contemporains ont enregistré le concerto de Tchaïkovski, souvent couplé avec celui en mi mineur de Mendelssohn. Sont actuellement disponibles les versions de Perlman avec Ormandy et l'Orchestre de Philadelphie ; Zukerman avec Metha et l'Orchestre philharmonique d'Israël (enregistré en public) ; Kyung Wha Chung avec Dutoit et l'Orchestre symphonique de Montréal ; Milstein avec Abbado et l'Orchestre philharmonique de Vienne ; Heifetz avec Reiner et l'Orchestre symphonique de Chicago (enregistré en 1957) ; Accardo avec Davis et l'Orchestre symphonique de la BBC ; Mutter avec Karajan et l'Orchestre philharmonique de Berlin.

Manfred, drame métaphysique en vers de Byron, publié en 1817, a été très rarement donné – toutefois plus souvent que le poète l'eût désiré. Le personnage central est une espèce de magicien qui vit seul dans un château des Alpes, rongé par le remords.

Ci-dessous : Une édition française des œuvres de Byron, poète avec lequel le compositeur se sentait en communion d'esprit, sur un rayon de la bibliothèque de Klin. Le poème symphonique « Manfred », trop méconnu fut inspiré par le drame de Byron.

87

À l'instar de Faust, il évoque les esprits, qui lui offrent tout, sauf ce qu'il désire le plus, l'oubli. Il ne réussit pas à se tuer et révèle à la sorcière des Alpes la faute qui le torture – son amour incestueux pour sa sœur.

Descendu aux enfers, il rencontre une représentation de sa sœur qui lui promet la mort. De retour dans son château, il est incapable d'obéir à un ermite qui l'adjure de se repentir et défie les esprits. Ceux-ci disparaissent et Manfred meurt.

Le programme d'un poème symphonique tiré de ce drame fut rédigé par un critique célèbre, Vladimir Stasov (1824-1906), à l'intention de Balakirev qui, après que Berlioz l'eut refusé, le remit à Tchaïkovski. Deux ans plus tard, celui-ci en accepta l'idée et composa très vite, comme de coutume, stimulé par son identification à Manfred – un paria s'il en fut. Cette œuvre marqua le retour de ses facultés créatrices, largement en sommeil depuis quelques années.

Le programme du poème symphonique diffère du drame. L'élément incestueux (intéressant davantage Byron que Tchaïkovski) est absent et la conclusion doit peu, ou rien, à Byron. De plus, Tchaïkovski ne l'a pas étroitement suivi, car il ressentait le besoin de « recréer ».

Les critiques ont trouvé de nombreuses raisons d'attaquer *Manfred* sur le plan technique, mais il reste que l'œuvre a toujours du succès en concert. C'était alors (1885) la meilleure œuvre symphonique de Tchaïkovski. Bien que négligée pendant des années, certains la considèrent aujourd'hui comme l'égale de sa cinquième symphonie. L'influence de Balakirev explique pourquoi elle est relativement si peu exhibitionniste et l'on y retrouve certaines manières du chef du Groupe des Cinq. Une autre influence est celle de Schumann dont Tchaïkovski admirait l'ouverture sur le même sujet.

Muti et l'Orchestre Philharmonia ont enregistré, en 1982, une excellente version de *Manfred*, qui met particulièrement en valeur ses qualités épiques (HMV). Il faut signaler, parmi les autres versions, celle de Haitink avec le Concertgebouw (Philips) – microsillon et cassette seulement.

Au printemps 1888, Tchaïkovski admirait les fleurs de son jardin et se demandait, puisqu'il n'avait plus d'idées musicales, s'il possédait ou non des talents de jardinier. Au milieu de l'été, il avait commencé la composition de la cinquième symphonie en mi mineur et reconnaissait que l'inspiration semblait lui être revenue. Il l'acheva en septembre et la dirigea à Saint-Pétersbourg en novembre. Le succès ne fut pas au rendez-vous, il la compara défavorablement avec la quatrième et traversa, comme toujours dans ces cas-là, une période de découragement. Pourtant, le public et lui-même révisèrent bientôt leur jugement sur cette symphonie superbe, sa plus belle œuvre à cette date.

Grâce à une courte note, inachevée, qui a survécu, on connaît les idées de Tchaïkovski pour cette symphonie : « Introduction. Résignation complète devant le destin ou, ce qui est la même chose, devant les desseins impénétrables de la Providence. Allegro (1) Murmures, doutes, lamentations, reproches à XXX. (II) Dois-je m'abandonner à la foi ??? » Cela ne nous mène pas loin. Peut-être Chostakovitch a-t-il le mieux résumé la cinquième symphonie en une seule phrase : « L'homme, avec toutes ses joies et toutes ses souffrances, est l'idée générale de cette œuvre, qui est lyrique du début à la fin ».

Tchaïkovski avait parlé du thème du destin comme de l'essence de la quatrième symphonie, mais il n'avait su se tenir à ce programme. En revanche, il y a réussi parfaitement dans la cinquième, où il se montre, après tout, un maître de la forme cyclique. Le thème mémorable du destin par lequel s'ouvre la symphonie non seulement réapparaît dans les autres mouvements, mais encore imprègne l'ensemble de cette œuvre à l'orchestration brillante, qui est pleine de contrastes soudains et passionnants. Un argument avancé contre le finale est que la conclusion apparemment triomphale paraît comparativement vide. On a aussi dit que c'était précisément l'effet recherché, car on ne « triomphe » pas du destin.

Parmi les interprètes modernes de Tchaïkovski, une position privilégiée est occupée par Jansons – un chef formé à Léningrad – à la tête de l'Orchestre philharmonique d'Oslo. Une autre version célèbre est celle de Karajan avec l'Orchestre philharmonique de Vienne (Karajan a enregistré au moins quatre fois les dernières symphonies de Tchaïkovski avec les Orchestres philharmoniques de Berlin ou de Vienne). Autres excellentes versions disponibles : Kempe avec l'Orchestration philharmonique de Berlin ; Prévin avec le Royal Philharmonic ; Abbado avec l'Orchestre symphonique de Chicago ; Muti avec l'Orchestre Philharmonia.

La sixième symphonie en si mineur est la dernière œuvre majeure composée par Tchaïkovski et, de l'avis général, sa meilleure. Pendant ses voyages de 1892-1893, il écrivit :

« L'idée d'une nouvelle symphonie m'est venue, qui aura cette fois un programme, mais un programme qui sera une énigme pour chacun... le programme de la symphonie est totalement imprégné de moi-même et fréquemment au cours de mon voyage, j'ai abondamment pleuré... Il y aura beaucoup de choses qui sont nouvelles dans la forme de cette œuvre et le finale ne sera pas un *allegro* bruyant, mais un *adagio* très lent ». Dans une note découverte après sa mort, Tchaïkovski décrivait le programme : « L'essence essentielle du plan de la symphonie est LA VIE. Premier mouvement – entièrement spontanéité, passion, confiance, désir d'agir. Il faut qu'il soit court. (Finale MORT – conséquence d'un effondrement). Deuxième mouvement – amour ; troisième – déceptions ; quatrième finit en fondu (également court) ». Il n'a pas suivi ce plan de très près ; par exemple, ni le premier mouvement ni le dernier ne sont courts, c'est plutôt le contraire.

Le premier mouvement est solennel, même sinistre, et intensément dramatique, avec une suite de contrastes sauvages élevant la tension : l'accord qui ouvre l'*allegro vivo* ne peut que faire bondir l'auditeur le plus somnolent. Cette partie compte aussi un chant russe orthodoxe.

Le deuxième mouvement est une valse, mélodique mais assez sombre, suggérant une menace cachée. Le troisième, *allegro molto vivace*, est un *scherzo* qui se transforme en une marche martiale, mais également menaçante, laissant penser que c'est la mort travestie en général qui conduit la parade.

Enregistrements par des chefs modernes de premier ordre : Karajan (voir cinquième symphonie) ; Ashkenazy avec l'Orchestre Philharmonia ; Muti (même orchestre) ; Haitink avec le Concertgebouw ; Païta avec le National Philharmonic.

MUSIQUE DE BALLET

On a dit que toute la musique de Tchaïkovski est de la musique à spectacle. Il aimait le théâtre et a consacré des efforts prodigieux à l'opéra, quoique rarement avec des résultats entièrement satisfaisants. Il s'est avéré qu'il avait plus de dons pour le ballet que pour l'opéra.

Une des qualités de la musique de Tchaïkovski est qu'elle est constamment dynamique. Tanéiev se plaignait que les symphonies de Tchaïkovski contenaient trop de « musique à danser », et ses opéras ont aussi leurs ballets. Tchaïkovski, qui aimait spécialement la valse, a composé de nombreuses danses, mais il est probablement célèbre avant tout pour ses trois ballets, *Le Lac des cygnes*, *La Belle au bois dormant* et *Casse-noisette*.

Avant Tchaïkovski, qui fut un important innovateur dans ce domaine, le ballet tel qu'il existait et tel que les balletomanes de Saint-Pétersbourg s'attendaient à le voir sur scène, n'était pas un art très distingué, du moins musicalement. Le rôle de la musique de ballet était principalement d'accompagner la chorégraphie et, bien que Mozart et Beethoven en eussent composé, on la demandait généralement à des compositeurs mineurs. À cette époque, les ballets étaient habituellement une suite de danses plutôt qu'une œuvre chorégraphique descriptive.

À l'époque de Tchaïkovski, le plus grand danseur de ballet en Russie était Marius Petipa, venu de France à Saint-Pétersbourg en 1847 et qui, au début des années 1860, était devenu le véritable maître incontesté du ballet russe. Il collabora avec Tchaïkovski, mais il s'intéressait surtout aux danseurs, aux danseuses et à la chorégraphie.

Le seul compositeur du XIXe siècle comparable à Tchaïkovski pour son rôle dans le monde du ballet fut Léo Delibes. Tchaïkovski admira beaucoup *Sylvia*, ballet dont il dira qu'il valait cent fois le *Ring* (« *L'Anneau du Nibelung* ») de Wagner. *Coppélia* de Delibes était représenté et *Sylvia* avait été composé (mais pas encore monté) avant *Le Lac des cygnes* de Tchaïkovski, mais celui-ci ne connaissait ni l'un ni l'autre. S'il les avait connus, on dirait certainement que Delibes a influencé Tchaïkovski. Le ballet français étant, à cette époque, largement en avance sur le ballet russe, Delibes bénéficiait d'une expérience que Tchaïkovski n'avait pas. Celui-ci a dit qu'il avait composé *Le Lac des cygnes* comme un « novice complet ». Sans doute était-ce exagéré.

Le Lac des cygnes fut commandé à Tchaïkovski, moyennant des honoraires de 800 roubles, par la direction des théâtres impériaux à Moscou, où l'on acceptait des ballets ayant un peu plus de substance que ceux ayant la faveur du public de Saint-Pétersbourg. L'origine de l'argument est mystérieuse. On a même émis l'hypothèse qu'il serait dû à Tchaïkovski lui-même. On est presque certain qu'il avait écrit trois ans plus tôt un ballet enfantin – intitulé aussi *Le Lac des cygnes* – pour ses neveux et nièces Davidov, mais on ignore s'il a existé un

LA MUSIQUE

rapport entre les deux. Le grand ballet *Le Lac des cygnes* fut composé sporadiquement, dans les intervalles entre d'autres œuvres, et il ne semble pas qu'il eût entraîné, chez Tchaïkovski, la tension et la fatigue nerveuse provoquée par la composition de la plupart de ses grandes œuvres. Achevé au printemps 1876, il ne fut représenté que près d'une année plus tard, à Moscou, au Bolchoï.

Au dire de tout le monde, la production fut absolument épouvantable. Il y avait trois décorateurs – un par acte – tous également mauvais et un chorégraphe encore pire. Sous prétexte qu'elle était trop difficile pour les danseurs, une partie de la musique de Tchaïkovski fut remplacée par des danses d'autres compositeurs. Néanmoins, *Le Lac des cygnes* eut du succès et resta au répertoire jusqu'en 1883 – les décors tombaient en lambeaux. À ce moment-là, un tiers de la musique n'était plus de la main de Tchaïkovski (mais l'argument était plus proche de l'original que celui des versions modernes).

Si l'on en juge par leurs comptes rendus, les critiques n'avaient pour ainsi dire rien compris aux intentions de Tchaïkovski, mais il fut moins affecté par leurs commentaires défavorables que de coutume, car il n'avait pas mis beaucoup de lui-même dans cette œuvre. D'ailleurs, une partie substantielle de la musique du *Lac des cygnes* provenait de ses opéras antérieurs n'ayant pas eu de succès, *Le Voïévode* et *Ondine*.

Le ballet ne fut repris qu'après la mort de Tchaïkovski, en 1895. C'était une version nouvelle préparée par Petipa et son adjoint à Saint-Pétersbourg, Mikhail Ivanov. L'argument avait été révisé par Modeste Tchaïkovski : son frère devait se retourner dans sa tombe car il avait substitué une fin heureuse à la fin tragique. De nombreuses danses avaient été sauvagement coupées ; de nouvelles musiques – tirées au moins d'autres œuvres de Tchaïkovski – avaient été ajoutées ; l'enchaînement des figures avait aussi été modifié. C'est pourtant cette version qui marqua le début de la grande popularité du *Lac des cygnes*.

Il existe de nombreux enregistrements d'extraits du *Lac des cygnes*. La première version intégrale sur disque compact est celle d'Ozawa à la tête de l'Orchestre symphonique de Boston. La version de Prévin avec le London Symphony est aussi digne d'intérêt.

Ci-dessous :
*Le théâtre Bolchoï
à Moscou.*

LA MUSIQUE

Ci-contre :
*Représentation de
Casse-noisette par
le Royal Ballet :
Londres, 1985.*

Ci-contre : *Natalia
Bessmertnovna dans
Le Lac des cygnes,
au Bolchoï.*

LA MUSIQUE

Des trois ballets de Tchaïkovski – malgré la beauté lyrique du *Lac des cygnes* – *La Belle au bois dormant* est considérée comme le chef-d'œuvre. Ce ballet, tiré des contes de Perrault et des Frères Grimm, fut composé en 1888-1889 à la suggestion de Ivan Vsevolozhski, directeur des théâtres impériaux de Moscou. La première représentation eut lieu en janvier 1890, avec une chorégraphie splendide de Petipa et une production luxueuse qui aurait coûté 80 000 roubles.

Néanmoins, la critique ne fut pas satisfaite : on se plaignit que l'œuvre ne donnait pas assez d'occasions aux danseurs de montrer leur virtuosité et qu'elle ressemblait trop à une symphonie (on trouvait que les symphonies ressemblaient trop à un ballet...)

Une meilleure autorité en la matière fut Stravinski. Pour lui, *La Belle au bois dormant* marquait le début du ballet comme forme d'art et non plus comme un simple spectacle. Pour la reprise de l'œuvre à Paris, en 1910, Diaghilev demanda à Stravinski d'orchestrer certaines parties qui n'avaient pas été incluses dans la production originale. On peut constater la « communion » entre les deux compositeurs car une partie de la musique de *La Belle au bois dormant* aurait pu être composée par le jeune Stravinski.

Nouvelles versions : Serguéiev pour les ballets Kirov, à Léningrad (1952) et, parmi les chorégraphes contemporains, Noureïev pour le ballet national du Canada (1972) et MacMillan pour le Royal Ballet (1973).

La légende de la Belle au bois dormant avait l'avantage de fournir une trame solide, du moins jusqu'aux noces qui forment le dernier acte. La musique de Tchaïkovski est puissamment évocatrice, parfaite pour les raffinements du premier acte comme pour les scènes de la forêt du deuxième. La description musicale des fées du prologue et des différents personnages du conte invités au mariage du dernier acte est merveilleusement vivante.

Les meilleurs enregistrements de *La Belle au bois dormant* sont ceux de Rostropovitch et l'Orchestre philharmonique de Berlin ; Muti et l'Orchestre de Philadelphie ; Ansermet et l'Orchestre de la Suisse romande (un choix des meilleures parties de l'enregistrement intégral de 1959, série économique).

Bien qu'il y pensât depuis une dizaine d'années, *Casse-noisette*, tiré d'un conte de Ernst-Theodor Amadeus Hoffmann, *Casse-noisette et le roi des souris*, fut une des dernières œuvres de Tchaïkovski, achevée en 1892. Son origine fut une commande pour un ballet qui devait être couplé avec un opéra en un acte (*Yolanta*) pendant la saison 1891-1892.

La suite du ballet *Casse-noisette*, qui est la forme sous laquelle cette musique est la plus connue aujourd'hui, était déjà très populaire avant la production du ballet proprement dit, en décembre 1892 à Saint-Pétersbourg, sur une chorégraphie d'Ivanov, l'adjoint de Petipa (qui était alors souffrant). Les critiques n'aimèrent pas beaucoup le ballet et se plaignirent, non sans raison, qu'il était trop long.

Tchaïkovski ne manifesta jamais beaucoup d'enthousiasme pour cette œuvre. Il écrivit à son neveu qu'il la jugeait bien inférieure à *La Belle au bois dormant*. La plupart des critiques seraient d'accord avec lui. Ainsi que l'a dit Edward Garden, « le charme du gâteau de

LA MUSIQUE

mariage qu'est *Casse-noisette* a un défaut pour lequel on ne peut excuser Tchaïkovski – il est factice. Le sucre-glace est de la saccharine et le gâteau lui-même est un mélange d'ersatz ».

Ersatz ou non, son charme est considérable, et le ballet contient certaines pièces brillantes comme la célèbre « *Danse de la fée prune en sucre* », qui fait appel à un célesta, instrument que Tchaïkovski avait fait venir de Paris, ce qui ne coûtait pas rien. Même dans *La Belle au bois dormant*, le génie de Tchaïkovski pour pénétrer dans le monde enfantin des contes de fées ne fut pas plus brillamment démontré.

De nouvelles versions furent créées en 1934 à Léningrad, au Kirov, et en 1966 à Moscou, au Bolchoï. Autres remarquables chorégraphies de *Casse-noisette* : Balanchine pour le New York City Ballet, en 1954 – probablement la version la plus complète – ainsi que Cranko, à Stuttgart en 1966 et Noureïev pour les Ballets suédois, en 1967.

Meilleur enregistrement intégral du ballet : Prévin et le London Symphony ; version économique : Schermerhorn et le National Philharmonic. Parmi les meilleurs enregistrements de la *Suite* : Williams et le Boston Pops ; Karajan et l'Orchestre philharmonique de Berlin (au dos, *Roméo et Juliette*) ; Dorati et le Concertgebouw ; Maazel et l'Orchestre de Cleveland ; Slatkin et l'Orchestre symphonique du Minnesota (au verso), fragments du *Lac des cygnes*.

Ci-contre : *Le théâtre Maryinski, à Léningrad.*

INDEX

A

Abbado, Claudio 87, 88
Accardo, Salvatore 87
Albrecht, Konstantin Karl 18
Album pour les enfants 41
Alexandre II, tsar 43
Alexandre III, tsar 44
Anneau du Nibelung, L' (Wagner) 27, 89
Ansermet, Ernest 92
Argerich, Martha 86
Artôt, Désirée 20, 56
Ashkenazy, Vladimir 89
Auer, Léopold 87

B

Balakirev, Mili 17, 24, 37, 44, 49, 78, 86, 88
Balanchine, George 93
Ballets
    Kirov 92, 93
    National du Canada 92
    New York City Ballet 93
    Royal Ballet 92
    Suédois 93
Beethoven, Ludwig van 89
Belle au bois dormant, La 56, 58, 65, 80, 92
Bergmann, Karl 42
Berg, Alban 79
Berlin 53, 56, 68
Berlioz, Hector 88
Bernstein, Léonard 86
Boris Godounov (Moussorgsky) 26, 82
Borodine, Alexandre 17, 22, 24, 78
Bortnianski, Dmytro 44
Boult, Adrian 86
Brahms, Johannes 54, 58
Braïlov, domaine de 41, 45
Bülow, Hans von 30, 86
Byron, George Gordon Lord 46, 49, 87-88

C

Cantate du couronnement 45
Capriccio italien (opus 45) 41
Carmen (Bizet) 27, 31
Casse-noisette 62, 65, 68, 92-93
Chilovski, Konstantin 22
Chilovski, Vladimir 22
Chilovski, domaine 27
Chostakovitch, Dmitri 88
Clarens 39-41
Concerto pour piano (opus 75) 66
Concerto pour piano n° 1 en si bémol mineur (opus 23) 29, 86
Concerto pour piano n° 2 (opus 44) 44
Concerto pour piano n° 3 (opus 75) 72
Concerto pour violon en ré majeur (opus 35) 40-41, 87
Conservatoire de Moscou 14-15
Conservatoire de Saint-Pétersbourg 12-14
Constantin Nicolaievitch, Grand-Duc 43
Constantinople 58
Cranko, John, 93
Cui, César 17, 29, 50 56

D

Dame de pique, La 58-61, 62, 79, 80, 82-84
Damrosch, Walter 42
Dante, Alighieri 31
Davidov, Lev 13
Davidov, Vladimir (« Bob ») 41, 56, 68, 71, 75
Davidov, famille 25, 27, 35
Davidova, Alexandra « Sacha » 13, 44, 45, 64
Davidova, Anna 45
Davidova, Tania 45
Davis, Colin 86, 87
Davidova, Véra 45, 56
Debussy, Claude 44
Delibes, Léo 89
Diaghilev, Serge 58
Dickens, Charles 46, 55
Dorati, Antal 93
Dostoïevski, Fedor 16
Dargomyjski, Alexandre 16
Dürbach, Fanny 9-10
Dutoit, Charles 86, 87
Dvořák, Antonin 54

E

Ermler 82, 84
Eugène Onéguine 31, 33, 34, 40, 66, 79, 80-82

F

Fatum (opus 77) 21
Florence 58
Francesca de Rimini (opus 32) 31

G

Galitzine, prince 43
Gilbert et Sullivan 55
Gilels, Émile 86
Glinka, Mikhail 16, 86
Gogol, Nicolaï 29
Grieg, Edvard 54, 70
Grimm, frères 92
Groupe des Cinq 17-18, 24, 37
Groza (« L'Orage ») 22
Gérard, Vladimir 74

H

Haitink, Bernard 88, 89
Hambourg 53, 58, 66, 72
Hamlet 55
Hanslick, Edouard 41
Hebert, Nicolaï 44
Hoffmann, E.T.A. 92
Hébrides, Les (Mendelssohn) 85
Heifetz, Jascha 87

I

Ivanov, Mikhail 90, 92

J

Jansons, Arvid 85, 87, 88
Jurgenson, Piotr 18, 24, 44, 73

K

Kachkine 18
Kamenka, domaine de 13-14, 25, 27, 35, 44, 45
Karajan, Herbert von 85-89, 93
Kempe 88
Khaikin, Boris 84
Klin 35, 46-47, 56, 66, 71, 72, 75
Kondrachin 86
Kondratiev, Nicolaï 27
Kotek, Iosif 36, 41, 44, 46, 87
Kündinger, Rudolf 12
Kyung Wha Chung 87

L

Lac des cygnes, Le 23, 31, 44, 89-90, 93
Lac des cygnes, Le (Ballet enfantin) 89
Laroche, Hermann 18
Leipzig 54
Leinsdorf, Erich 86
Lévine, James 82
Londres 54-55, 58, 70

M

Maazel, Lorin 87, 93
MacMillan, Kenneth 92
Mahler, Gustav 66, 79
Manfred 49, 56, 87-88
Marche du couronnement 45, 64
Mazzepa 45
Meck, Nadejda von 36-39, 44, 45, 61-62
Meck, Nicolaï von 45
Mendelssohn, Félix 85
Menter, Sophie 68
Mehta, Zubin 86, 87
Mikado, Le (Gilbert et Sullivan) 55
Milstein, Nathan 87
Milyukova, Antonina Ivanovna 32, 34-36, 40
Moscou 14-15
Moussorgsky, Modeste 17, 18, 26, 82, 86
Mouvement de quatuor 14
Mozart, Wolfgang Amadeus 9, 78, 89
Musée Tchaïkovski 66, 75
Muti, Riccardo 88, 89, 92
Mutter, Anne-Sophie 87

N

Nápravník, Édouard Franzévitch 74
New York 64
Nouréïev, Rudolf 92, 93

O

Ondine 25, 26, 90
Opritchnik 25-26
Opéras et théâtres
    Bolchoï 26, 40, 82, 84, 90, 93
    d'État de Dresde 82
    Royal Opera 82
    de Saint-Pétersbourg 16-17
Orchestres :
    Boston Pops 93
    de Cleveland 87, 93
    Concertgebouw 88, 89, 93
    London Symphony 90, 93
    National Philharmonic 89, 93
    de Philadelphie 87, 90
    Philharmonia 88, 89
    philharmonique de Berlin 85, 86, 87, 88, 92, 93
    philharmonique d'Israël 86, 87
    philharmonique de New York 86
    philharmonique d'Oslo 85, 88
    philharmonique de Vienne 87, 88

Royal philharmonic 86, 88
Royal symphony 86
de la Suisse romande 92
symphonique de la BBC 87
symphonique de Chicago 87, 88
symphonique de Londres 86
symphonique du Minnesota 93
symphonique de Montréal 87
symphonique de Boston 86, 90
Orlova, Alexandra 73
Ormandy, Eugène 87
Ostrovski, Alexandre 13, 22, 26
Ouverture en fa 14
Ouverture solennelle « 1812 » 23, 42, 45
Ouverture sur le chant national danois 21
Ouvertures espagnoles (Glinka) 41
Ozawa, Seiji 90

P

Païta 89
Palovna, Grande-Duchesse Héléna 29
Paris 22, 27, 53, 58
Pavlovsk 14
Perlman, Itzhak 87
Perrault, Charles 92
Petipa, Marius 89, 90, 92
Pouchkine, Alexandre 16, 33, 45, 58, 82, 83
Prague 50
Prévin, André 88, 90, 93
Prokofiev, Sergueï 82
Puccini, Giacomo 79
Pucelle d'Orléans, La 41

Q

Quatuor nº 1 (opus 11) 25
Quatuor nº 2 (opus 22) 26
Quatuor nº 3 (opus 30) 31, 42

R

Rachmaninov, Sergueï 70, 80
Reiner, Fritz 87
Rimski-Korsakov, Nicolaï 17, 22, 24, 26, 45, 65, 78, 80
Roméo et Juliette 24, 25, 85-86
Rostropovitch, Mstislav 92
Rubinstein, Anton 12-14, 22
Rubinstein, Arthur 86
Rubinstein, Nicolaï 14-16, 24, 26, 30, 31, 35, 37, 40, 41, 44, 70, 86

S

Saint-Saëns, Camille 70
Sapelnikov, Vassili 58
Schermerhorn, Kenneth 93
Schumann, Robert 22, 85, 86, 88
Sérénade pour cordes (opus 48) 41, 54
Serguéiev 92
Sérov, Alexandre 29
Shakespeare (William) 86
Sibelius, Jean 80
Simon 86
Slatkin, Léonard 93
Snégourotchka 26
Société musicale russe 12
Sofronov, Alexis (« Aliocha ») 44, 46, 75
Solti, George 82, 87
Sonate pour piano nº 2 (opus 37) 40, 41
Stasov, Vladimir 88
Strauss II, Johann 14
Stravinski, Igor 18, 58, 80, 92
Suite en sol (opus 55) 54-55
Suite pour orchestre (opus 53) 45
Sylvia (Léo Delibes) 89
Symphonie en mi bémol (inachevée) 66, 72
Symphonie espagnole (Lalo) 87
Symphonie en mi bémol majeur 68
Symphonie nº 1 en sol mineur « Songes d'hiver » (opus 13) 21-22, 85
Symphonie nº 2 en ut mineur « petite-russienne » (opus 17) 25-26, 86
Symphonie nº 3 en ré majeur « polonaise » (opus 29) 31, 86
Symphonie nº 4 en fa mineur (opus 36) 33, 40, 42, 70, 86-87
Symphonie nº 5 en mi mineur (opus 64) 49, 56, 88
Symphonie nº 6 « Pathétique » en si mineur (opus 74) 69, 71-72, 72-73, 74-75, 79, 85, 88-89

T

Tanéiev, Sergueï 31, 44, 66
Tchaïkovski, Alexandra (née Assier) 7
Tchaïkovski, Alexandra « Sacha » 7, 9, 34
Tchaïkovski, Anatole 7, 9, 34, 35, 39, 44, 58
Tchaïkovski, Hippolyte 7, 75
Tchaïkovski, Ilya Pétrovitch 7, 34-35
Tchaïkovski, Modeste 7, 9, 26, 33, 44, 45, 60, 75, 83
Tchaïkovski, Nicolas 7
Tcharodeyka 49-50
Tchérévitchki 29, 49-50
Tempête, La (opus 18) 26
Thackeray, William Makepeace 55
Tiflis (Tbilissi) 58, 61
Tolstoï, Léon 38
Tourgueniev, Ivan 16
Trio avec piano (opus 50) 44

V

Vakoula le forgeron 29, 49, 82
Vie pour le Tsar, La (Glinka) 40
Voiévode, Le (ballade symphonique opus 78) 65, 80
Voiévode, Le (opus 3) 21, 90
Votkinsk 7
Vsevolojski, Ivan 92

W

Wagner, Richard 23, 89
Williams, John 93

Y

Yolanta 62, 65, 68, 72, 92

Z

Ziloti, Alexandre 54
Zukermann, Pinchas 87

REMERCIEMENTS

Dominic Photography, Catherine Ashmore 34-35, 58-59, 62-63, 82-83, Zoë Dominic 91 ; E T Archive 54, 55 haut droite, 55 bas droite ; Mary Evans Picture Library 8 haut, 10-11, 19 haut, 23, 24-25, 26, 30, 52 haut, 52 bas, 79 bas, 86-87 ; Robert Harding Picture Library 6, 29, 47 haut ; Robert Harding Picture Library, Bibliothèque Nationale 21, 65, 77, Victor Kennett Collection 18-19, 43 bas, 51 haut, 59, George Rainbird 11 haut, 32, 33 bas, 38, 60, H. Roger-Viollet, SAN Viollet 72 ; Hutton-Deutsch Collection/Bettmann Archive 64 ; Larousse 60-61, 61 ; Mansell Collection 28, 40, 53 haut, John Massey-Stewart 79 haut ; Novosti Press Agency 7 haut, 7 bas gauche, 8 bas, 9, 12, 13, 14-15, 16-17, 19 bas, 20, 22, 25, 31, 33 haut, 36, 37, 41, 42, 43 haut, 44, 45, 46, 47 bas, 48, 49, 50-51, 53 bas, 56, 57, 63, 66 gauche, 66-67, 68-69 bas, 70, 70-71, 73, 74 droite, 75 haut, 75 bas, 76, 78-79, 80-81, 82 gauche, 84 haut, 87, 90, 90-91, 92-93 ; H. Roger-Viollet 7 bas droite, ND Viollet 68-69 haut ; Society for Cultural Relations with the URSS 17, 74 gauche, 84-85 ; Swiss National Tourist Office/Villiger 39 ; ZEFA Picture Library (UK), L. Sitensky 54-55, Tom 27.